国内メーカー クラウドファンディング → 個人物販 完全ガイド

中村裕紀
田村りょう

EC物販コンサルタント

standards

はじめに

～国内の新商品を市場に出す永久不変の物販スキルをマスターする～

　こんにちは、中村裕紀です。このたびは本書を手に取っていただき、ありがとうございます。

　私は2年前、主に物販初心者の方でも長期的に安定した利益が見込める『Amazon国内メーカー直取引完全ガイド』『Amazon海外メーカー直取引完全ガイド』という本を出版しました。

　メーカー直取引は、代理店や小売店からではなく、メーカーと直接交渉して商品を仕入れるという、「脱せどり」「脱転売」を目指す方に最適な方法です。私のコンサル生でもせどりや転売で陥りがちな価格競争やアカウント閉鎖リスク、社会的な後ろめたさから抜け出し、安定した収益を得られている人がたくさんいます。

　メーカーと取引を重ねながら、次のステージに進むために多くの人が考えるのが、独占販売かOEM販売です。つまり、メーカーと一緒に新商品を生み出し、独占的に販売するのです。このスキルを手にすると、ますます物販の収益は安定し、大きくビジネス展開ができるようになります（この内容を前作『Amazon国内OEM完全ガイド』にて、書かせて頂きました）。

　また、新商品をテストマーケティングもかね、リスクなく展開するために、非常に有効な手段が、クラウドファンディングです。そこで今回、国産品、輸入品のクラウドファンディングの実績がある田村りょうさんとともに本書を出版することにしました。田村さんは私のコンサルを受けて国内メーカー取引で大きな実績を出された方ですが、そのノウハウを活かし、クラウドファンディングでも最高で4,800万円超の支援を得たことがあります。

しかも日本最大のクラファンサイト「CAMPFIRE」公式パートナーとして活躍されており、プロジェクト終了後のビジネス展開についても詳しい方です。最近でも国産品で約5,000円の商品を3,400人に届け、1,900万円超の支援を得たプロジェクトがあり、この商品は、国内に留まらず海外展開に進んでいます。

　実際、物販プレイヤーのなかでもクラウドファンディングに取り組む人が増えています。**メーカーと独占契約を結び、実質的な無在庫の予約販売で少ない初期資金から始めることができ、しかも社会的信用の高いビジネスであるためです。**これだけ聞くと、特に物販経験者の方は「なんて魅力的なビジネスなのか」と感じることでしょう。

　ですが、そのわりにはクラウドファンディングに取り組む人が少ない現状があります。1回プロジェクトを立ち上げて爆発的な利益を生む「一発ドカン」で、コツコツと利益が積み上がらないイメージがあるからかもしれません。そのため、メーカー直取引のような利益を積み上げるタイプの物販が好きな方には敬遠されがちです。

　しかし、本来クラファンの目的は「一発ドカン」で終わらせることではありません。その先には、メーカーと関係を構築して継続してプロジェクトを起案したり、BtoB卸取引などの一般販売、海外展開、ブランド売却(M＆A)に展開したりすることができる未来があります。つまり、クラウドファンディングとはゴールではなく、事業展開・利益拡大のきっかけに過ぎません。

　そのため、本書では、メーカーとの良い関係を築くための交渉のコツ、商品の魅力の伝え方、一般販売についても詳しく触れます。これはクラウドファンディングが副業やお小遣い稼ぎではなく、一生物販で食べていくための永久不変の必須スキルであるためです。クラウドファンディングの本当の魅力は、短期爆発的な利益ではなく、独自のビジネス展開で長期的に利益拡大できる点にあります。

　また、クラウドファンディングは、どちらかというと海外メーカーの日本未上陸の商品を扱うイメージが強く、特に物販経験者であればそのように思いがちでしょう。しかし、実際にはクラファンサイトのMakuakeや

GREEN FUNDINGで「国産」などのワードで検索すると、国内メーカーが生産した商品がたくさん出てくることがわかります。

　国産品と輸入品両方扱うと、それぞれ一長一短あり、国産品のプロジェクトも決して難しくないことがわかります。特に輸入規制、関税や消費税、海外送料を気にしなくていいので、初心者にこそ向いている方法です。また、日本の商習慣に馴染んでいるので、メーカーと信頼関係を構築しやすく、長期的な取引に繋がりやすい点もメリットです。なんといっても日本の技術力は特筆すべきものがあり、品質・信頼性では世界トップクラスで、トラブルのリスクがないのも大きいです。

　しかし、技術力の高い国内メーカーが苦手とすることは、商品アイデアと販売力です。クラウドファンディングのノウハウもなく、新商品を開発したいのにできないもどかしさを抱えているメーカーもたくさんあります。実際に多くの日本のメーカーが、私達のサポートを求めています。海外メーカーのように取引を断られることも少なく、まずは話を聞いてもらい、商品開発のさまざまな提案をしてもらえます。実際にアプローチしてみると、思った以上に積極的なメーカーが多いことに拍子抜けするかもしれません。以上のことから、**本書では国内メーカー商品に特化したクラウドファンディングを解説します。**

　特にメーカー直取引を経験している方は、メーカーとの交渉に慣れているので、比較的取り組みやすいと思います。また、キュレーターと呼ばれるクラファンサイトの担当者のサポートも手厚く、実はクラウドファンディングは物販初心者の方でも始められやすい方法です。むしろ、メーカーとの交渉力と商品の販売力を身につけられる点では、遠回りせずに独立起業できるスキルを生み出すことにもつながるでしょう。

　本書では、国産品のクラウドファンディングについて1から10までノウハウが理解できるように構成してあります。特に輸入品のクラウドファンディングとは、メーカーへのアプローチ方法がかなり違います。ほとんど違うノウハウと言ってもいいかもしれません。また、国内メーカーが苦手とするアイディアや販売力について、知識・経験ゼロからでも十分サポー

トできるように本書で詳しい解説を掲載しました。

　まとめると、本書では以下のようなことを学ぶことができます。

---

❶国内メーカーが苦手とする画期的なアイディアを生み出せるリサーチ
　方法

❷国内メーカーと交渉して実需のある商品を生み出せる方法

❸国内メーカーが苦手とする商品の魅力を十分伝える方法とプロモー
　ション戦略

❹クラウドファンディング終了後の一般販売などのビジネス展開

　輸入品のクラウドファンディングは経験したけれど、国産品を扱ったことがない方は、Chapter2〜4を中心に読み進めると、国産品ならではのノウハウが理解できるでしょう。また、クラファン初心者の方でも、本書はクラファンの流れに沿って構成しているので、辞書的に活用できるようになっています。

　メーカー直取引を経験した方は、今後Amazon販売だけでなく、新商品やOEM商品も提案できるので、ビジネスの幅が広がります。既存品で継続的な収入を得ながら、クラファンで新商品も展開していくという理想の状態を作り出すことが可能です。本書との出会いが、誰にも負けない一流物販ビジネスオーナーとして飛躍できるきっかけになれば幸いです。

中村 裕紀 田村りょう

Contents

Chapter1

誰も言わないクラウドファンディングの真実と
クラファン新物販戦略の本当のメリット

Chapter2

クラウドファンディングに向いている
商品リサーチ方法（国内メーカー編）

Chapter3

【パターン別交渉例文付き】国内メーカーと
独占契約を結ぶためのクラファン交渉術

Chapter4

失敗しないための
クラファンスタート前の事前準備

Chapter5

準備ができたら
クラファンサイトに申請しよう

Chapter6

目指すは「行列のできるラーメン屋」
〜支援を最大化するための広告・拡散戦略〜

Chapter7

クラファン終了後の重要ポイントと
ブランド構築のための新しいプロジェクトの準備

Chapter8

【クラファン終了】クラファンをきっかけに
大きくビジネス展開するための戦略全貌

誰も言わない
クラウドファンディングの真実と
クラファン新物販戦略の
本当のメリット

最初に、クラウドファンディングの魅力と全体像を解説
します。「クラファンで物販」というと、「完全無在庫の予
約販売」「1回で爆発的に数百〜数千万円を売り上げ
る」というイメージを持つ方もいるかと思います。ただ、
これは半分正解で、半分は誤解というのが実態です。こ
こでは、初心者の方にも理解できるようにクラウドファ
ンディングの基礎知識を教えつつ、今まで詳しく伝え
られなかった真実をお伝えします。

01

最初に知っておきたい
クラウドファンディングの基礎知識

■ クラウドファンディングの概要と種類

クラウドファンディングとは

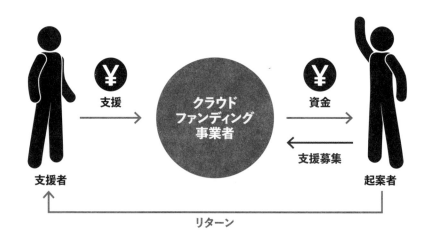

　クラウドファンディングとは、まずは実行者がMakuakeなどのクラファン事業者の運営するサイトに、支援金を募ることを目的にプロジェクトを掲載・周知し、そのプロジェクトを知り、内容に共感した支援者がクラファン事業者を通じて支援金を支払うというのが、大まかな仕組みです。支援金を支払った支援者に実行者が提供する商品・サービスを、リターンと言います。

　クラウドファンディングには大まかに次の3種類がありますが、**本書でお伝えする物販ビジネスは「購入型クラウドファンディング」となります。**

クラウドファンディングの種類

種類	概要	リターン例
購入型	支援者は、支援した金額と同等の価値がある商品・サービスをリターンとして受け取れる。主に市場にない商品・サービスのテスト販売を目的として実施される。	●まだ市場にない新商品 ●飲食店の各メニュー、コースの予約 ●舞台、コンサートなどのチケット
寄付型	災害や社会的に立場の弱い人の支援を目的とし、寄付金を募る。	原則リターンなし。ただし実行者からお礼の手紙や写真などが届くことはある。
金融型	事業の資金調達を目的として出資を募る。主に貸付型、ファンド型、株式型に分類される。	利息、配当、売却差益といった金銭的リターンを受け取れるが、元本割れリスクがある。

　クラウドファンディングの歴史は、有名なクラファンサイトのCAMPFIRE、READYFORが2011年、Makuakeが2013年サービス開始と、そこまで長くありません。海外でも、世界最大手のKickstarterですらサービス開始は2009年です。特に東日本大震災前は、「クラウドファンディング」という言葉すら、日本人はほとんど知らなかったはずです。

　ただ、今では逆にクラウドファンディングという言葉を知らない人がほとんどいないくらい、急速に広く知られるようになりました。実際にクラウドファンディングの市場規模は急速に拡大しており、**特に拡大しているのが、本書で詳しくお伝えする「購入型クラウドファンディング」**です。

購入型クラウドファンディング市場規模の推移

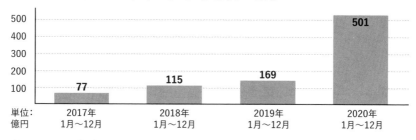

単位：億円	2017年 1月〜12月	2018年 1月〜12月	2019年 1月〜12月	2020年 1月〜12月
	77	115	169	501

　上の図は、代表的なクラファンサイトの購入型クラウドファンディング

の総支援額の推移を示したグラフです（一般社団法人日本クラウドファンディング協会調べ）。コロナ禍で利用拡大した影響も大きいですが、2020年は2019年の約3倍、2017年の約6.5倍の規模に成長しています。それだけ、クラファンを通じて商品・サービスを購入する人が増えているということで、業界全体が追い風と言えます。

■ クラウドファンディングと物販の用語の違い

クラウドファンディングで一般的に使われる用語については、物販ビジネスで言えば、次の用語に置き換えられます。クラファンを実践しているうちにすぐに慣れますのでご安心ください。

クラウドファンディングと物販の用語置き換え

クラウドファンディング	物販
実行者、起案者	リターン
支援者、サポーター	消費者、お客様
支援、応援購入	購入
クラファンサイト（Makuake、CAMPFIREなど）	ECサイト（Amazon、楽天など）
リターン	商品

他にもクラウドファンディングには独自の用語がありますが、その都度お伝えしますのでご安心ください。

■ クラウドファンディングの2つの募集方式

クラウドファンディングにはAll in方式とAll or nothingの2つの募集方式があります。多くの方がAll in方式を使いますが、新商品をいくつかテスト販売してみたいような場合はAll or nothingを適用してもいいでしょう。目的に応じて使い分けてください。

❶ All in 方式

　目標金額を達成したかどうかに関係なく、クラウドファンディング終了後に、集まった分だけ支援金を受け取れる方式です。その際、クラファンサイトの手数料が発生します(Makuake、GREEN FUNDINGは20％、CAMPFIREは17％)。

　ただ、All in 方式でも、通常はプロジェクト開始1～2日で達成できそうな支援額を目安として目標金額として設定します(P304～)。そうすると、プロジェクト開始直後に、以下のサクセスバッジが商品ページに付くので、賑わい感を演出できます。

目標金額を達成した場合(Makuakeの例)

目標金額を達成すると出てくるサクセスバッジ

目標金額に対してどれだけ支援が伸びているかがわかる

宇宙が創りだした隕石模様と50年の国産技術が醸す「メテオライト×日本製腕時計」

目標金額を達成した場合(GREEN FUNDINGの例)

目標金額を達成すると出てくるサクセスバッジ

目標金額に対してどれだけ支援が伸びているかがわかる

All in方式のデメリットとしては、販売個数がいくらであっても、必ず支援者にリターンを配送しなければいけないことが挙げられます。そのため、最低ロット（MOQ）の大きい商品の場合は、商品をさばき切れずに在庫を抱えるリスクを伴います。例えば、MOQが150個でメーカーと合意した場合、80個しか売れなければ70個の在庫を抱えることになります。

メーカーと商品の仕入数について交渉する際は、「クラファンではテストマーケティングを目的とするので、最低ロットは少し抑えたい」など交渉してみるようにしましょう。また、在庫に眠ったままの商品や、一回市場に出したけど今は販売されていない商品をメーカーが抱えていることがあります。このような場合はロットの縛りがなく、売れた分だけ仕入れればいいことになるので、All in方式を利用することで問題ありません。

❷ All or Nothing方式

目標金額に達成すれば支援金をすべて受け取り、1円でも足りなければ支援金を受け取らない方式です。目標金額に達成しなかった場合は、支援者からの申し込みはキャンセル・全額返金される代わりに、リターンの配送やクラファン手数料も発生しません。

All or Nothing方式は、最低ロットに縛りのある新商品に利用するとメリットがあります。500個販売する予定でクラファンを立ち上げて、300個しか売れなければ、全キャンセルになるので、在庫リスクが発生しません。

例えば新商品を5個考えているメーカーがいたとして、5個について全部プロジェクトを立ち上げ、テスト販売してみるという手もあります。この場合、目標金額を達成した商品だけ製作・販売していくことができます。支援が集まらなかった商品については、何もしなくていいのでノーリスクです。

既存のテストマーケティング手法と違って無駄な製作コストを省けるので、新商品を複数試してみたいメーカーにとって喜ばれる提案のひとつです。ただし、この場合は目標金額を最低ロット分まで引き上げることになるので、サクセスバッジがつかない場合が多くなります。そのため、支援者から見たら「この商品は売れていない」と思われてしまいます。また、

All or nothingでプロジェクト不成立だった場合は、クラファンサイトによっては次回からプロジェクトの審査が厳しくなると言われています。しかし、クラファンサイトの明確な基準はなく、あくまで実行者側の印象として感じている程度です。とはいえ、クラファンの運営側としては、不成立の場合は手数料をもらえないうえに、リターンが支援者に提供されないことで信用を傷つけかねません。そのため、個人的には不成立後に審査が厳しくなっても不思議ではないと思います。

　あくまで「この商品は売れるのか、売れないのか」を確認するテストマーケティングを目的とした場合に利用するといいでしょう。

■ 最低限知っておきたい4つのクラファンサイト

　現在ではクラファンサイトが星の数ほどあります。東日本大震災のあった2011年頃には、CAMPFIREとREADYFORくらいしか知られていなかったことを考えると、いかに業界が急速に発展してきたかがわかります。

　どのクラファンサイトがいいか迷うかもしれませんが、**購入型クラウドファンディングで最低限知っておきたいのは、Makauake、GREEN FUNDING、CAMPFIRE、machi-yaの4つです。**

　共通することは、プロジェクト成功に関する成功事例やマニュアルが充実している点です。また、キュレーターと呼ばれるプロジェクト担当者が商品のPR戦略の手厚いサポートをしてくれる点も大きなメリットです。クラファンは初めてという方は、共通してPR戦略に不安を持ちますが、キュレーターの力を借りることで、プロジェクト成功の準備を円滑に進めることができます。なお、クラファンサイトの選定基準については、P210〜を詳しくご覧ください。

❶ Makuake

Makuake(https://www.makuake.com/)

　モノづくりや飲食店のプロジェクトに強い、国内最大手のクラファンサイトです。2013年にサイバーエージェントの新規事業としてスタートし、2019年に東証マザーズに上場しました。親会社のサイバーエージェントは、アメブロやABEMA TVのイメージが強いですが、もともとはインターネット広告事業の歴史が長い会社です。Makuakeは、サイバーエージェントの広告戦略のノウハウをそのまま引き継いでおり、プロジェクトのPR戦略に長けています。

　クラウドファンディングが資金調達だけでなく、テストマーケティングにも最適であることに最初に気づいたのもMakuakeです。きっかけは、ある国内メーカーの社長に「クラファンは資金調達だけではなく、テストマーケティングに活用できる」と言われたことだそうです。また、別のメーカーには「お客様に直接問いかけることができる、それも商品の生産前にできることはメーカーとして大きなメリットを感じた」とも言われたそうです。

　特に日本のメーカーは、確実に売れるものでなければなかなか商品化しません。そこでクラファンでテストマーケティングを行えば商品化のハードルが一気に下がると考え、今の先行予約販売モデルを確立しました。

　Makuakeは、実行者に向けて定期的にプロジェクト成功の最新事例や

傾向を共有するセミナーを開催しています。特にMakuakeは「メーカーの支援と地域の活性化につなげ、日本を元気にする」という想いが強いので、国内メーカークラファンを実践する際は勉強になります。また、プロジェクト終了後のビジネス展開についても支援しています。

Makuakeの概要

出資形式	All in, All or Nothing
会員数	219.5万人（2022年9月現在）
手数料	20%
ビジョン	生まれるべきものが生まれ 広がるべきものが広がり 残るべきものが残る世界の実現
ミッション	世界をつなぎ、アタラシイを作る
行動指針	・私たちにはビジョンがある ・挑戦を愛し、自ら幕を開ける ・技術に寄り添い、社会に価値を届ける ・360°の成功にこだわる ・ワンチームなプロ集団 ・崇高をめざそう

❷ GREEN FUNDING

GREEN FUNDING（https://greenfunding.jp/）

GREEN FUNDINGはCCC（TSUTAYA）グループが運営するクラウドファンディングサイトです。**Makuake同様にモノづくりや飲食店、エンターテイメントのプロジェクトに強く、蔦屋書店、TSUTAYAなどの出展ブースに展示できるのが特徴です。**1プロジェクトあたりの平均支援総額が392万円（2020年）なのは、業界最高水準です。

　GREEN FUNDINGの出資形式はAll or nothingのみですが、目標金額の下限はなく、実行者側で自由に設定できます。初日に見込む支援金額を目安に目標金額を設定すれば、実質的にAll in方式と同じような運用ができるので、あまり気にしなくて大丈夫です。

GREEN FUNDINGの概要

出資形式	All or Nothing
会員数	非公開
手数料	20%
ビジョン	未来を企画する会社
ミッション	誰もが生きていきたい世界をつくる
行動指針	0　何よりも命と健康 1　人と人の縁を仕事に 2　良心に問う 3　チームワークこそ重んじる 4　知性を武器にする 5　生の情報を知る

❸ CAMPFIRE

CAMPFIRE(https://camp-fire.jp/)

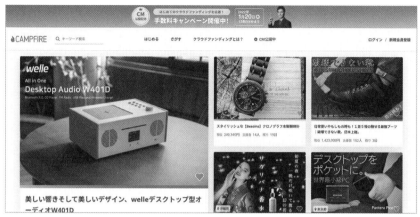

　国内最大のクラウドファンディングサイトで、流通総額は2021年に国内最速で400億円を突破しています。2022年現在は600億円を突破しています。

CAMPFIRE流通量の推移

　CAMPFIREも上場を目指していると報道されたこともあるので、今後も市場は拡大していくと考えられます。今後の動きに要注目のクラファン

サイトです。CAMPFIREだけでも延べ支援者数は約780万人という巨大なプラットフォームですが、同社が運営するクラファンサイト（machi-yaやBOOSTER等）を含めると、さらに支援者数が大きくなります。

　CAMPFIREの特徴は、machi-yaやBOOSTERなどの関連サイトに支援者がアプローチできるので、多くの支援者を巻き込むことができる点です。CAMPFIREは、MakuakeやGREEN FUNDINGに比べると物販に限らずイベント系など幅広いジャンルを扱っている印象です。しかし、CAMPFIREの圧倒的な流通量と支援者数から、幅広く支援を得られることが期待できます。

CAMPFIREの概要

出資形式	All in, All or Nothing
延べ支援者数	780万人（2022年7月現在）
手数料	17%
ミッション	一人でも多く一円でも多く、想いとお金がめぐる世界をつくる
バリュー	01 大企業病になることが最大のリスクである 02 傍観者であってはならない 03 小さな火を大事に使用 04 人に優しくあろう 05 どんどん失敗しよう 06 相手を信頼して任せよう 07 言葉を大事にしよう 08 常に問い続けよう 09 チームで最高のプロダクト・サービスをつくろう 10 批判を恐れず、世の中をざわつかせよう

❹ machi-ya

mahci-ya（https://camp-fire.jp/machi-ya）

　machi-yaはCAMPFIREが運営するクラファンサイトのひとつです。CAMPFIREがイベント系のプロジェクトなど幅広く扱っていることに対し、**machi-yaは小物やガジェットを中心に物販を中心としています。**手数料が25％と、上記3サイトより高めですが、その分「ギズモード・ジャパン」「ライフハッカー」など有力なWebメディアに掲載され、メディア目線で商品の魅力を伝えられます。

02

クラウドファンディングで販売する 商品と消費者層の特徴

■ 新商品に限定するクラウドファンディングは 酷似商品が販売できないことも

　クラファンサイトで販売できる商品は、基本的にはまだ発売されていない新商品で、既製品を量産するAmazonや楽天との大きな違いになるところです。

　例えばMakuakeのHPには、「アタラシイものや体験を応援購入しよう」と書かれています。Makuakeのミッションは「世界をつなぎ、アタラシイを創る」です。クラファンサイトで好まれるのは、今までになかったアイディアがひとつでも反映されている商品です。

Makuakeのトップページ

　物販に特化した場合、クラファンのプロジェクトを立ち上げることができる商品は、以下のように分けられます。

　❶は本書で詳しくお伝えする「国内メーカー商品のクラウドファンディング」です。しかし、多くの物販プレイヤーは、クラウドファンディングというと❷の「海外メーカー商品のクラウドファンディング」をイメージされる方が多いかと思います。具体的には海外メーカーの独占販売権を取得するか、中国のOEM商品を生産する方法です。

　ここで注意しないといけない点は、他社と酷似した商品は審査でNGとされ、出品できないことです。

　例えば中国輸入OEMでは、ただ型番やロゴを変えただけで、他社商品と何ら変わらない商品が販売されることがあります。しかし、近年このような商品は、新規性のない商品と判断され、クラファン側の審査は通りません。

　購入型クラウドファンディングは、前例にない商品や世の中にない価値を生み出すことを応援する仕組みですから、当然の流れといえます。また、以前韓国の有名クラファンサイトで大炎上したことが、新規性に関する審査の厳しさに拍車をかけました。ある歯ブラシを高級品ということで出品していたのですが、実態は中国輸入の簡易OEM商品で、類似の歯ブラシが中国では大幅に安価に手に入ることが判明したのです。何か画期的な違いがあったわけではないので、「ぼったくり」だと大炎上してしまったのです。

　日本でも、今ではWishやAliExpressなどの海外通販サイトを利用すれば手軽に世界中の商品を安価に手に入れられます。そのため既製品とそっくりの簡易OEMで単価を上げて販売しようとしてもすぐバレます。そのため、仮に審査が通ったとしても、まず支援が集まりません。

■ 画期的な新商品がヒットしやすい
クラウドファンディング

　クラウドファンディングは、支援者（消費者）層もAmazonや楽天と大きな違いがあります。クラウドファンディングの市場にいる消費者は、新しいモノ好きで、今までにない画期的な新商品を欲しがります。一方で商品に価値を感じてくれるので多少高単価でも支援（購入）してくれます。

　MakuakeやGREEN FUNDINGのヒット商品をご覧になってみてください。斬新なアイディアで、「こんな商品が欲しかったんだ！」と思わせてくれる商品ばかりです。なんだか見ていると楽しくなってきて、ちょっと高いけど思わず購入してしまいそうな商品が多くないですか？

　一般的なECサイトでは、よほど大きな話題にならない限り、今までにない新商品は売りづらいところがあります。

　そのため、画期的であるが、やや高単価である新商品は、まずはクラファンサイトでテスト販売しながら認知を高めます。その後、一般販売でも売れそうであればAmazonや楽天、自社ECサイト、実店舗への卸販売などを検討していく流れがスムーズです。海外クラファンのプロジェクト起案をして海外に本格的に展開する場合もあります。クラウドファンディングは新商品販売の最初のステップとして、販路を拡大するには最適な方法です。

　ただ、クラウドファンディングだけで販売を完結させたほうがいい場合もあります。消費者の層が違うので、クラウドファンディングで大ヒットしても、一般販売では売れないこともあり得るためです。これは商品によって違ってくるので、プロジェクトを開始する前に具体的な戦略を立てます（P356〜参照）。

■ クラファンの消費者で多いのは30〜40代男性

　クラウドファンディングの支援者（消費者）で多い層を一言で言うと、**「都市部に住んでいて比較的お金に余裕がある新しいモノ好きの30〜40**

代男性」です。

Makuakeの年齢・性別ユーザー属性（2021年第2四半期）

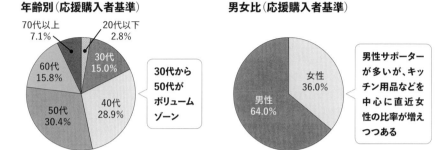

年齢別（応援購入者基準）

- 70代以上 7.1%
- 20代以下 2.8%
- 30代 15.0%
- 60代 15.8%
- 40代 28.9%
- 50代 30.4%

30代から50代がボリュームゾーン

男女比（応援購入者基準）

- 女性 36.0%
- 男性 64.0%

男性サポーターが多いが、キッチン用品などを中心に直近女性の比率が増えつつある

GREEN FUNDINGの居住地とブラウザ属性（2020年1月〜12月）

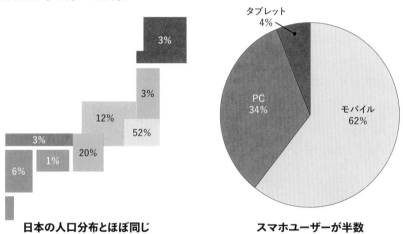

- 3%
- 3%
- 12%
- 52%
- 3%
- 20%
- 1%
- 6%

日本の人口分布とほぼ同じ
その中でも東京、神奈川、大阪がTOP3。都市部にユーザーは集中している

- タブレット 4%
- PC 34%
- モバイル 62%

スマホユーザーが半数
支援の半数以上がスマホユーザー。PCはWindowsユーザーがMacの3倍

　上図はクラウドファンディングのユーザー属性を調べたものです。年齢・性別についてはMakuake、居住地・ブラウザ属性についてはGREEN FUNDINGのデータですが、他の購入型クラファンサイトも同じような傾向にあります。

❶ 男女比

現在のクラウドファンディングの支援者層は、Makuakeでは男性が64%、女性が36%となっていますが、最近は徐々に女性支援者が増えています。またCAMPFIREに関してはすでに男女比半々くらいの割合になっています（ただし、CAMPFIREは物販以外のプロジェクトが多いので参考値です）。

以前は、「クラファンに女性向け商品は向いていない」とされていましたが、最近は「女性の購買意欲を高める工夫も必要」と言われるようになっています。

実際に女性向きに訴求した商品が増えてきており、必ずしも男性向きに訴求しなければならないわけではありません。実際に女性向きに訴求した商品でも100〜1000万くらいの支援を得られたプロジェクトは増えています。また、女性ターゲットにした商品であっても、しっかりと訴求した商品ページを作れば男性も購入します。

コンサル生の初プロジェクト「お風呂deサウナ傘α」

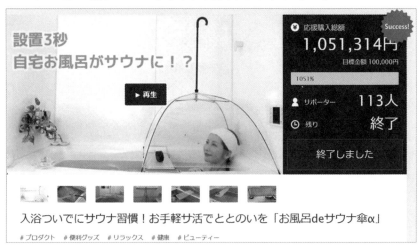

❷ 年齢層・居住地

　27ページの図を見てわかるように、支援者の年齢層は30〜50代がボリュームゾーン、居住地は東京、神奈川、大阪などの都市部が中心となっています。つまり、比較的収入が高くてお金に余裕があり、多少高単価でも欲しければ買う層です。

　ただ、戦略的に低単価商品を扱うという手もあります。クラファンは実はリピーターを獲得することで、2回目以降のクラファンを有利に進められる特徴があります。つまり、初めてのプロジェクトでは10,000円以下の安価な商品で支援者を多く募り、2回目以降の高単価商品のプロジェクトに活かす手もあります。「一発ドカン」のイメージが強いクラウドファンディングですが、メーカーと信頼関係を構築しながら長期的目線で戦略を立てましょう。

❸ スマホかPCか

　これはECサイトで同じことが言えるのですが、クラファンサイトを閲覧するのはスマホユーザーが中心となります。**そのため、クラファンの商品ページ（LP：P228〜）を作成する際は、スマホユーザーを意識することが大切になります。**

■ クラウドファンディングはショッピング

　消費者の買い物には、次の「buy」と「shopping」という2つのタイプがあります。「buy」も「shopping」も商品を買うことに変わらないので、「何が違うの?」と思うかもしれません。しかし次のような明確な違いがあります。

buyとshoppingの違い

	特徴	主なプラットフォーム
buy	すでに買う商品を決めていて、その商品を買う目的だけで訪れ、買ったら帰る。リアル店舗でいうコンビニやスーパー。	Amazon
shopping	ワクワクしながら商品を探し、魅力的な商品を見つけたら購入する。リアル店舗でいうウインドーショッピングに近く、買い物自体を楽しむ。	楽天、クラウドファンディング

「buy」については、「歯磨き粉がなくなってきたから買わなきゃ」というような、必要だから買うという感覚です。歯磨き粉、トイレットペーパー、洗剤など日常的に使う消耗品は「欲しい」というより「ないと困る」から買います。このような買い物にワクワク感は求めておらず、近くのコンビニや百均に行って、買って帰ってくるだけのはずです。特にこだわりを持って商品を探すわけではなく、買い物する行為を楽しむこともありません。

ECサイトで言えば、Amazonが「buy」の特徴が強いプラットフォームです。商品にもよりますが、Amazonで商品を購入する消費者は、すでに買う商品を決めていて、検索窓を使って商品を探して購入したら画面を閉じる人が多いです。

一方で「shopping」の特徴がある代表的なECサイトが楽天です。「shopping is entertainment！」を掲げているだけに、楽天のサイトの作りは、Amazonより買い物を楽しめる作りです。楽天の商品ページは商品の魅力をアピールする構成になっています。楽天で商品を購入する人は、買う商品を決めずに、さまざまな商品ページを見て、楽しみながら商品を選ぶ傾向が強いです。「Amazonより楽天のほうが衝動買いしやすい」という方も多いでしょう。また、「buy」と「shopping」を意識しなくても、自然と買い物する目的でAmazonと楽天を使い分けている方も多いでしょう。日本ではAmazonと楽天はよく比較されますが、実は全然違うビジネスモデルなのです。

一方、クラウドファンディングは断然「shopping」です。支援者は、さまざまな商品ページを見て「こんな商品があるんだ！」とワクワクしながら商品を選んでいきます。これはクラウドファンディングが、一般的な商品を購入する「モノ消費」ではなくて、ワクワクするような体験にお金を使う「コト消費」をコンセプトにしているためです。

　つまり、クラウドファンディングでは、いかに商品ページで支援者に「ワクワク」を提供できるかということが、かなり売上を左右するのです。

■ 常に新規の会員数が増え続けている

　クラウドファンディングの消費者層について忘れてはいけないのが、どのプラットフォームも支援者の数が増え続けているという点です。以下のMakuakeの会員数とCAMPFIREの延べ支援者数の推移を見ても、これは明らかです。

Makuake会員数の推移（決算資料より抜粋）

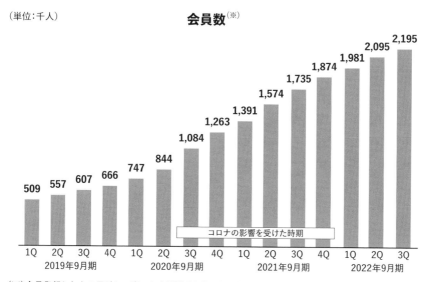

（単位:千人）

会員数[※]

- 509　1Q
- 557　2Q
- 607　3Q
- 666　4Q （2019年9月期）
- 747　1Q
- 844　2Q
- 1,084　3Q
- 1,263　4Q （2020年9月期）
- 1,391　1Q
- 1,574　2Q
- 1,735　3Q
- 1,874　4Q （2021年9月期）
- 1,981　1Q
- 2,095　2Q
- 2,195　3Q （2022年9月期）

コロナの影響を受けた時期

（※）会員登録した人の累計≒一度でも応援購入したことのある人

CAMPFIREの延べ支援者数の推移

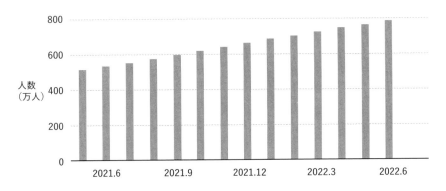

　これが何を意味しているかというと、クラウドファンディングは常に新規の見込み客が増え続け、新陳代謝されているということです。つまり、例えば一回プロジェクトを実施して、その1ヶ月後に別のプロジェクトを立ち上げるときには、すでに新規の支援者が多く待っている状態なのです。そのため、同じカテゴリーでプロジェクトを続けたとしても、常にあなたが出品した商品を欲しがるお客様がいるということです。

■ クラウドファンディング消費者はリピーターが多い

　クラウドファンディングは、常に新規の見込み客が増え続けていると同時に、商品のリピーター購入率が高いということです。以下はMakuakeのリピート応援購入率を示していますが、2022年は77.3％がリピーターからの購入です。

Makuakeのリピーター購入率（決算資料より抜粋）

リピート応援購入率

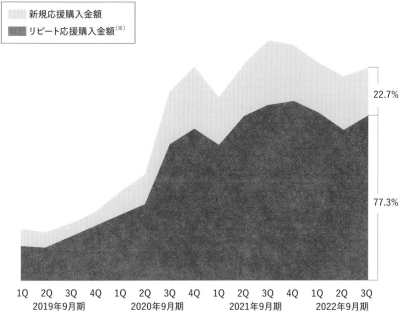

凡例:
- 新規応援購入金額
- リピート応援購入金額（※）

22.7%

77.3%

1Q 2Q 3Q 4Q | 1Q 2Q 3Q 4Q | 1Q 2Q 3Q 4Q | 1Q 2Q 3Q
2019年9月期 | 2020年9月期 | 2021年9月期 | 2022年9月期

（※）Makuakeサービスにおける応援購入総額のうち、過去1年間において応援購入実績があるプロジェクトサポーターの応援購入金額の割合

　Amazonや楽天でも１回しか使ったことがない人がほぼいないのと一緒で、一度クラファンサイトを利用した人は、２回、３回と利用することが多いのです。支援者は、クラウドファンディングを通じて魅力的な商品に出会うと、同じ実行者をチェックします。**「次はどんなリターン（商品）を提供してくれるのだろう」**と。そして２回目以降も魅力的な商品でプロジェクトを実施すると、プロジェクト開始時点で支援（購入）してくれます。

　クラウドファンディングはプロジェクト開始時に支援を多く集めるほど拡散され、好循環で支援がますます集まる特徴があります（P304〜参照）。そのため広告費を使うこともありますが、リピーターの力で広告費を抑えて支援を集めることも可能になります。

03

クラウドファンディングの「完全無在庫だからノーリスク」は本当か?

■「完全無在庫でノーリスク」と言われる理由

　物販でクラウドファンディングというと、「完全無在庫の予約販売」「ノーリスク」のイメージを持つ方も多いでしょう。これはそもそも、クラウドファンディングが資金調達することを目的として作られたことが大きいと思われます。新商品・サービスを作る際の資金調達方法は、他に金融機関の融資、補助金、ベンチャーキャピタルへの出資などがありますが、これらの方法では資金調達に時間がかかります。その点、クラウドファンディングは、新商品やサービスに共感した支援者（消費者）から支援金を集めることで、新商品を市場に出すスピードを加速させることができます。

　そのため、キャッシュフローや必要な資金力に関しては、本質的にローリスクになるように設計されています。具体的には、Amazon物販（通常の仕入れ、無在庫転売）、クラウドファンディングのキャッシュフローの流れには、次の大きな違いがあります。

通常の物販と無在庫転売、クラウドファンディングのキャッシュフローの流れ

通常の物販の流れ

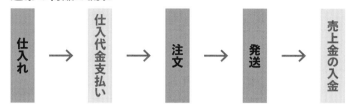

仕入れ　→　仕入代金支払い　→　注文　→　発送　→　売上金の入金

無在庫販売

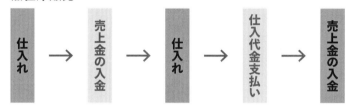

仕入れ　→　売上金の入金　→　仕入れ　→　仕入代金支払い　→　売上金の入金

クラウドファンディング

クラファン開始　→　クラファン終了　→　売上金の入金　→　仕入れ　→　仕入代金支払い　→　発送

　上図のように、クラウドファンディングは先に売上金（支援金）が入金されてから、商品を仕入れる仕組みになっています。**つまり、実質的な無在庫販売（予約販売）で、在庫リスクがないことに加え、先に調達した売上金を仕入れの原資に充てることができるので、資金繰りが良くなります。**

　物販で無在庫転売というと、注文があってから出品者が商品を仕入れるため、発送遅延のリスクが出てきます。そのため、各プラットフォームで

厳しい規制がある手法です。特にメルカリやラクマでは禁止されており、Amazonでも消費者からのクレームが頻発して、アカウント停止リスクが高くなります。

しかし、クラウドファンディングの場合は、資金調達を目的としているので、「ぜひ応援させてください！」と、支援者（消費者）が先にお金を支払うシステムです。実行者は、「支援ありがとうございます。お礼として商品をお送りします」と、あくまで支援に対するお返しとして商品を送ります。だから、提供する商品・サービスを「リターン」と呼ぶのです。

しかも、支援者は一度支援金を支払ったら、支援者都合の返金が認められません。もちろん、商品に瑕疵があったり、発送できなかったりした場合は返金する必要がありますが、理不尽な返品・返金対応がないのはメリットのひとつです。

これは新商品を開発するメーカーにとっても大きなメリットで、商品を生産する前に売れるかどうかテストできるリスクを抑えた方法です。そのため、「実行者（出品者）にとってもメーカーにとってもノーリスク」と言いたいところですが、実はそうとも限りません。

■ 着手金（初期資金）が必要なケースは案外多い

実は、クラウドファンディングを提案してメーカーと契約する際、着手金が必要となるケースもあるのです。これについては詳しくはChapter3（P192〜）でお伝えしますが、新商品と言っても、さまざまなタイプのものがあります。例えば市場にまだ出ていないだけで、すでに生産済で在庫に眠ったままになっているのも新商品ですし、これからゼロベースで設計し、金型の製作から行う場合も新商品です。

交渉やそのときの状況にもよりますが、前者の場合は既に在庫にある商品を売ってくれればいいだけなので、着手金は不要なことが多いです。しかし、後者の場合はメーカーが金属加工商品の金型を製作したり、サンプル品を製作したり、素材を用意したりする必要があります。そのため、メーカーとしては新たなコストが発生することになるので、どうしても着手金を請求されるケースもあります。

新規開発から行うような場合は、国産品とはいえ最低ロット（MOQ）も大きくなる傾向にあり、100万円単位の着手金になることもあります。つまり厳密に言えば、クラウドファンディングのキャッシュフローの流れは、以下の2パターンということになります。

クラウドファンディングのキャッシュフローの流れの2パターン

着手金がゼロの場合

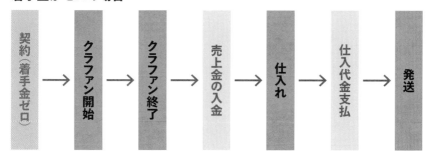

契約（着手金ゼロ）→ クラファン開始 → クラファン終了 → 売上金の入金 → 仕入れ → 仕入代金支払 → 発送

着手金がかかる場合

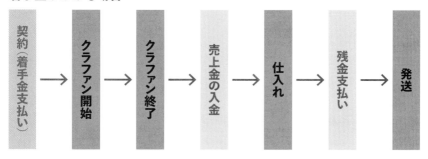

契約（着手金支払い）→ クラファン開始 → クラファン終了 → 売上金の入金 → 仕入れ → 残金支払い → 発送

　どちらも完全無在庫販売には変わらないのですが、初期資金が不要とは限らないのです。もちろん、メーカーや商材によっては着手金ゼロも可能ですが、発生する場合もあるので、メーカーと資金面についても相談しながら聞いてみましょう（P192～）。

04

でも魅力は多い! 実行者から見たクラウドファンディング14個の真のメリット

■ 実践に基づくクラウドファンディングのメリット

ここまで、「簡易OEMは審査が厳しいし売れない」「初期資金が不要とは限らない」など、クラウドファンディングの不都合な真実もお伝えしました。

しかし、それでもクラウドファンディングは、大きなメリットのある手法であることには間違いありません。そこで、今までの話を踏まえて、クラウドファンディングのメリットについてお伝えします。今まで多く語られなかったことも含みますが、私が実践してきて確信していることをお伝えします。

もちろん、クラウドファンディングは実行者だけでなく、メーカー側にも大きなメリットがあります。メーカーのニーズに合った提案をするためにも、メーカー側のメリットを把握することはとても重要です。こちらはChapter3（P165〜）をご覧ください。

❶ メーカーとの信頼関係構築のきっかけになる

最近はクラウドファンディングの認知度は高まっており、仕組みやメリットを把握しているメーカーも増えています。しかし、そのような状況でも「どうやってプロジェクトを進めたらいいかわからない」というメーカーが多いのが現状です。特に海外メーカーに比べると、国内メーカーは商品力が強くても、販売することに苦手意識を持っていることが多いのです。クラウドファンディングには、商品の魅力を伝えるプロモーション力が欠かせません。

実行者は、メーカーが苦手とすることをサポートして、新商品が日の目

を見るようにするのが役割です。「廃棄を考えていた商品が売れた」「動かしていない機械を稼働することができた」ということになれば、メーカーから喜んでもらえます。

　メーカー直取引と同様に、仕入先であるメーカーは物販プレイヤーとしては最高の資産です。**プロジェクトが成功すれば、「次はこの商品をクラファンで試したい」とメーカーから逆提案されるほど、信頼関係が構築されていきます。**

❷ 販路拡大のきっかけになる

　すべての新商品にあてはまるわけではないですが、プロジェクトが成功すれば、次の一般販売への展開を考えることができます。**Amazonや楽天、自社ECサイトへの一般販売を行ったり、実店舗に卸したり、さまざまな可能性があります。**

　クラファンプロジェクト中に、代理店や小売店から「商品を卸してほしい」と提案されることも珍しくありません。ただ、一般販売についてはプロジェクト開始前に戦略を立てる必要があります。

❸ 取引できるメーカーを増やすことができる

　クラウドファンディングは、既存の取引メーカーとの信頼関係を構築するきっかけになりますが、新規取引メーカーを増やすきっかけにもなります。とあるコンサル生は、既製品をAmazonで販売させてもらえないかどうか、メーカーに交渉しようと何回かメールしたのですが、何度も無視されてしまいました。

　しかし、そのコンサル生はメーカー直取引だけでなく、クラウドファンディングも取り組み始めていたところでした。そこで「クラウドファンディングを通じて新商品をテスト販売しませんか?」とメールしたところ、即返事が返ってきたというのです。

　このコンサル生のよかった点は、メーカー直取引だけでなく、新商品を販売するスキルも持っていたことです。当然ですが、持っている武器は多いほど、メーカーのニーズに合った提案をすることができます。このコン

サル生の例のように、新商品と既製品を両方販売するスキルを持っていると鬼に金棒です。**メーカーに寄り添って提案ができる人は、メーカーにとっては貴重なので、長期的な付き合いに繋がる可能性も高いです。**

❹ 一生廃れることのない永久不変のビジネススキルが手に入る

クラウドファンディングは、物販プレイヤーが次のステージに進むためには最適な手段です。**なぜなら、クラファンを通じて、メーカーと交渉して契約する営業力と、商品販売のプロモーション力を両方身につけられるためです。**この2つが手に入れば、外的要因に左右されることなく、メーカーのニーズに合った商品の販売ができるようになります。営業力とプロモーション力は、歴史的にも商品販売のスキルとして長く必要とされており、今後も廃れるとは考えられません。

せどりや転売は、ただプラットフォーム間の価格差だけを見て、安く仕入れて高く売るだけのビジネスです。簡単で誰でも取り組みやすい一面がある一方で、ライバルが群がり、価格競争に陥りがちです。営業力もプロモーションの力も身につかないので八方塞がりになってしまいます。そのため、簡単で誰でもできますが、長続きしません。

メーカー直取引も、既製品をAmazonで相乗りして販売するビジネスです。メーカーに最良の提案をする営業力は身につきますが、プロモーション力は身につきません。既製品を販売するスキルはマスターできますが、新商品を販売したいメーカーのニーズに応えることができません。

メーカーが本当に出会いたいのは、既製品と新商品を両方販売できるスキルを持つ出品者です。クラウドファンディングをマスターすることによって、必須のビジネススキルを手に入れることができるのです。

❺ 実績を積み上げて売上・利益を加速できる

クラウドファンディングに取り組むことで、実績を積み上げてビジネスを加速し、売上を大きく上げることが可能になります。これはどういうことかというと、以下のようにさまざまな理由があります。

> ❶ リスクを抑えてテストマーケティングを実施することで、今後の戦略に貴重なデータを積み重ねることができる
> ❷ 成功実績を国内外の新規取引先にPRすることで交渉を有利に進められる
> ❸ 1回でもクラファンで成功すれば、リピート顧客を獲得できるので2回目以降は広告費を削減しながら有利に進められる
> ❹ 販路拡大のきっかけになる

　過去のクラファン実績を資産として、終了後のビジネス展開や次のプロジェクトを有利に進められるのは、他の物販にはない大きなメリットと考えています。

❻ 常に新規顧客を獲得し続けることができる

　クラウドファンディングの市場はまだ伸びており、新規の支援者が常に増え続けている状況です。そのため、常に周りに新規の見込み客がいるような状況で、枯渇するようなことはありません。

　今ではCAMPFIREやMakuakeが積極的にテレビCMを出していることもあり、今後もクラウドファンディングの支援者は増え続けると考えられます。**全国的にクラファンの認知が高くなっていることは、支援者だけでなくメーカーにとっても同様です。**以前は、「クラウドファンディングとは何か?」ということから説明しないといけませんでした。しかし、最近は「新商品をテスト販売できるプラットフォーム」と理解しているメーカーが以前より増えています。とはいえ、メーカーにわかりやすく提案する必要があるのは変わらないので、詳しくはChapter3でお伝えします。

❼ 販売価格を好きに設定できるので利益率が25〜40%と高い

　単純転売では仕入れ額も販売価格もコントロールできませんし、メーカー直取引も仕入れ額はメーカーと交渉できますが、販売価格まではコントロールできません。**しかし、クラファンで仕入れる商品については、仕**

入れ額はメーカー直取引同様に交渉できますし、販売価格も自分の裁量で値付けができます。そのため、利益率をコントロールすることができ、25〜40％と高い利益率を設定することが可能です。

❽ 自分の扱いたい商品を独占販売できる

クラウドファンディングでは、他の販路で売られていない新商品であることが条件とされ、プロジェクト期間中は他販路で流通ができません。

これは逆に言えば、自分だけが商品の販売を任せてもらえる、商品販売の独占契約ができるということになります。 この点はメーカーも把握しているので「クラファンで新商品をテストマーケティングしませんか?」と提案すれば、商品の販売を任せてもらえます。

独占契約というと難しそうと思っている方も多いとは思いますが、上記のように交渉すれば、決して難しくはありません。具体的な交渉方法についてはChapter3 P170〜にて詳しく解説していますのでご安心ください。

もちろん、最初はクラファン期間中に限定したものになりますが、クラファン後のビジネス展開も任せてもらえることがあります。メーカーと信頼関係を構築していけば、十分あり得る話です。

❾ 社会的信用が高くてやりがいのあるビジネス

チケットの違法転売やコロナ禍のマスクの高額転売など、何かとせどりや転売はイメージが悪いところがあります。これは決して偏見ではなく、需給と供給のバランスを逆手にとって、理不尽に高額転売するケースは実際に問題になっています。

また、メルカリは転売ヤーを敬遠する傾向にありますし、Amazonも単純転売については徐々に規制を厳しくしています。これは拙著『Amazon国内メーカー直取引完全ガイド』でもお伝えしたとおりです。

また、物販プレイヤーでも「子どもに言いにくい仕事はしたくない」と漏らす人は少なくありません。**しかし、クラウドファンディングは、新商品に挑戦したいと考えているメーカーをサポートすることで、停滞している社会を革新的に動かせる、社会的意義の高いビジネスです。**

クラウドファンディングに取り組んでいる人には、「革新的な商品を世に広めたい」と志の高い人が多いです。もちろん、支援者も「こんなのが欲しかった」と喜んで商品を買ってくれるので、間違いなくwin-win-winのビジネスと言えます。特に国産品のクラウドファンディングは、地域の産業振興に直接貢献できるので、非常にやりがいのあるビジネスと確信しています。

⑩ 社会的信用が高くてやりがいのあるビジネス

クラウドファンディングのプロジェクトに注目しているのは支援者や大手の百貨店だけではありません。テレビや雑誌などのメディアから注目されることもあります。

また、自分から「この商品を掲載させてくれませんか?」とメディアに提案することも可能です（P318～）。YouTuberやSNSのインフルエンサーが商品を拡散してくれることもあります（メリットと注意点があるのでP336～を参照してください）。

もし、メディアからの取材があればプロジェクトに出す商品が注目され、大幅な支援増加を図ることができます。また、大手百貨店から「うちに卸してもらえないか」と提案されるなど、クラファン後の展開を有利に進められることもあります。

⑪ マニュアルの充実と担当者の手厚いサポートで初心者も安心して取り組める

ビジネススキルが要求されるクラウドファンディングは簡単に誰でも稼げる方法ではありませんが、初心者の方が取り組みやすい物販でもあります。**各クラファンサイトは、初めての方もできるように、マニュアルが充実しています。**管理画面のマニュアルはもちろん、商品ページの作り方や広告出稿など、プロジェクトの進行を抜け漏れなくできるようになっています。マニュアルを見るだけでは不明点が出てくると思いますが、その場合はあなた専任の担当キュレーターの手厚いサポートで解決できます。

⑫ 扱う商品次第でキャッシュフローが改善する

P36〜でもお伝えしたように、クラウドファンディングは、完全無在庫販売でも着手金を請求される可能性があり、初期資金が不要とは限りません。**ただ、既存新商品を扱う場合などは着手金ゼロで契約できることが多いので、場合によってはキャッシュフローの改善を図ることができます。**

⑬ 融資に有利

物販に取り組んでいる人なら、おそらく一度は融資を考えたことがあるかと思います。信金や公庫などで融資を受けようとする場合、確実に事業計画の実現可能性をチェックされます。また、社会的信用の低いせどりや転売では融資の審査は厳しくなっています。

しかし、クラウドファンディングの場合は、プロジェクトの結果をエビデンスにできるので、事業計画の実現可能性を証明しやすいところがあります。また、先ほどお伝えしたように産業振興に貢献できる社会的に求められるビジネスでもあります。

メーカー交渉で着手金を求められた場合でも、過去の実績をエビデンスとして出すことで、短期的な融資を得やすい傾向があります。借入金の返済が完了すると、金融機関の信用も積みあがるので、継続的な融資を得やすくなります。今は低金利で融資を受けやすいので、ビジネスを拡大させたい方は、融資について積極的に考えるようにしましょう。

⑭ 補助金や助成金の申請がしやすい

クラウドファンディングに取り組むのであれば、補助金や助成金についてもチェックするようにしてください。**最近は、各自治体でクラファンサイトの利用手数料や商品ページの製作費を補填する補助金・助成金が増えています**（東京都「クラウドファンディング活用助成金」など）。

05

国内メーカークラファンと海外メーカークラファンの違い

■ クラウドファンディング＝海外メーカー商品のイメージが強いが……

　物販プレイヤーの多くのイメージは、「クラウドファンディング＝海外メーカー商品」ではないでしょうか？　実際に物販プレイヤー界隈で多い情報は、海外メーカーの日本未発売商品をリターンとしてプロジェクトを立ち上げる方法です。

　ただ、実際にMakuakeやGREEN FUNDINGなどで商品リサーチをするとわかりますが、国産品もとても多いです。キャノンなど大手国内メーカーも参入しています。特にMakuakeは日本のモノづくりを応援して地方産業を盛り上げたいという思いが強いです。以下はMakuakeの中山亮太郎社長があるテレビのインタビューで語っていたことです。

「iPhoneの中に使われている部品の多くが日本製(当時)だと聞いて……『なぜこれが日本から生まれないのか？』と。
ゲームボーイ、胃カメラ、スバル360、乾電池など　昔は(日本で)そういうものが次々と出てきていた。
日本はこのまま右肩下がりになるのではないかと危機感を感じていた。
海外赴任時代、中韓の商品しかない家電売り場や給料の3倍もの借金をしてiPhoneを買う現地人を見て、日本は本当に魅力的な商品を生み出せていないと感じた。
産業構造上の問題？　日本人として悔しい……。
そういうものが次々と生まれてくる日本になってほしいという想いが湧いてきた」

私も海外メーカークラファンに取り組んでいますし、「だめだ」という気は全然ありません。ただ、国内メーカーもかなりクラウドファンディングに取り組んでいますし、実際に興味を示すメーカーが多いのは事実です。ある日取引先の国内メーカーに対してクラウドファンディングの話をしたら、「この商品はどうだ？」と、すぐに興味を持ってもらえたことがあります。海外メーカーの国内未上陸の商品も魅力的ですが、国産品も十分に参入する余地はあると考えています。

■ 国内メーカークラファンも海外メーカークラファンも一長一短ある

　国内メーカークラファンと海外メーカークラファンを比較すると、次のように一長一短あります。

	国内メーカー	海外メーカー
輸入禁止・規制	○（なし）	×（あり）
検査・認証の必要性	○（なし）	×（あり）
関税・消費税・海外送料	○（なし）	×（あり）
仕入れ価格	×（やや高い）	○（国内より安い）
商品の品質	○（良好）	×（要注意）
安心感・信頼性	○（高い）	△（やや低い）
配送スピード	○（早い）	×（遅い）
クラファン審査	○（通りやすい）	×（厳しい）
商品ページの作りやすさ	×（素材が少ない）	○（素材が用意されている）
取り組みやすさ	△（商品による）	○（取り組みやすい）
競合	○（少ない）	×（比較的多い）
長期的な取引	○（信頼関係を構築しやすい）	△（実績重視ですぐ切られる）
最小ロット	△（商品による）	×（比較的大きい）
商品開発	○（メーカーから提案あり）	△（言われた通りに作る）

Amazonメーカー直取引と同様、国内メーカーが向いている人と、海外メーカーが向いている人がいます。もちろん、クラファンのスキルは国内メーカーにも海外メーカーにも活かせるので、将来的に両方取り組んでもいいでしょう。

■ 輸入禁止・規制

拙著『Amazon海外メーカー直取引完全ガイド』で詳しくお伝えしているとおり、輸入品は輸入禁止・規制に注意しなければなりません。**特に輸入規制に関わる電気用品安全法（PSE法）、電波法（技適）、食品衛生法、薬機法などの法律には注意しなくてはいけません。**

商品によっては、輸入はできても、認証や届出が必要な場合があります。例えばガジェット系、家電製品、キッチン用品など、クラウドファンディングでは人気商品も対象となる場合があります。

過去に、輸入品のプロジェクトでトラブルになったケースがあります。プロジェクトは数千万円の支援を得られる大成功だったのですが、リターン配送という時期に法規制をクリアする届出がなくて販売できないことが判明します。そうなると、リターンが届けられないので全額返金することになった挙げ句、20％程度の利用手数料を支払わないといけません。数千万円の支援であれば、数百万円の手数料がかかります。

もちろん、リサーチ時に輸入規制について検証して届出をしていれば、このような事態は防げますが、その場合は届出の手間と検査費用がかかります。検査費用は海外メーカーが負担してくれることもありますが、各種輸入規制に関わる商品を出品するのは、初心者の方には少しハードルが高いところがあります。しかし、国産品であれば、このような検査の手間がなく、初心者の方でも抵抗なく取り組むことができます。

■ 検査・認証の必要性

　上記の輸入規制の話も含め、**国産品を扱う場合は、実行者は各種の検査や認証の手間が必要ありません。**生産側の国内メーカーがすべて、このような検査や認証をクリアしているためです。海外メーカーの場合は、日本の仕様に合うように検査をしようとしても、自分の国ではないのでできません。そのため、実行者側の方で実施しないといけなくなり、費用や労力の点で一手間かかります。また、クラファンサイトから求められるエビデンスも輸入品の場合は多くなりますが、国産品の場合は最初から用意されていたり、必要なかったりすることが多いです。

■ 仕入れに関する費用
 　（仕入れ価格、関税、消費税、海外送料）

　よく国産品は技術力や品質にこだわる反面、仕入れ価格が高いのではないかという質問があります。たしかに、輸入品に比べると仕入れ価格が高い傾向にありますが、一方で輸入品は関税や消費税、海外送料などのコストが発生します。

　しかも要求される仕入数が輸入と比べると桁違いに小さいので、トータルの仕入金額が安くなったりしますし、仕入れに関わる費用を単価に参入してトータルで計算してみたら、あまり変わらないということが多々あります。**少なくとも、国産品の方が輸入品よりも利益計算はシンプルです。**

■ 商品の品質

　国産品の大きなメリットは何といっても技術力と品質の高さです。そのため、輸入品に比べれば品質不良や商品仕様の違いに伴うトラブルがほとんどありません。また、保守点検やメーカー保証の点では、国内商品の方がしっかり対応してくれるので安心感があります。国産品であれば輸送時

のトラブルで商品が破損したり遅延したりといったこともないので安心です。

■ 安心感・信頼性

　国内メーカー製品の技術力や品質の高さは、支援者にとっては安心感や信頼性に繋がります。**実際に商品を購入する際は、日本人は潜在的に輸入品よりも国産品の方が安心感を覚えます。**輸入品が避けられているというわけではないのですが、国産品はイメージが良いです。プロジェクトを立ち上げた商品のライバルが輸入品だった場合は、つまり日本製のほうが品質が良いと思われ、選ばれやすくなります。

■ 商品の配送スピード

　当たり前ですが、**配送スピードは国産品のほうが圧倒的に早く、即日配送してくれます。**リターン配送のときに商品が配送されれば問題ないのですが、輸入品だと、予定より大幅に配送が遅れることもあります。また、国産品の場合は小出しで配送ができるなど、在庫スペースの状況などに合わせて交渉しやすいところがあります。

■ クラファンサイト側の審査

　クラファンサイトに申請すればすぐにプロジェクトを開始できるわけでなく、どのクラファンサイトも審査があります。クラファンサイトは審査基準を公開していませんが、**実際には輸入品はプロジェクトの審査が厳しい印象があります。**私は、国内メーカー、海外メーカー両方と取引をしていますが、実際に審査の違いを肌で感じます。また、私だけでなく他の実行者も同じような印象を持っています。

　具体的には、輸入品は、商品の機能面や品質に対するエビデンスを求められたり、場合によっては国内での検査結果を求められたりします。サンプル品も出さないといけません。そして、並行輸入のトラブルもあるので、大半は独占販売契約書の提出が必須です。

しかし、**国産品については、そこまで厳格ではなく、見積書を提出するだけで審査が通ることがあります。**これは国内メーカーのほうが品質がいいこと、クラファン期間中に他の販路に流通するリスクが低いことが一因としてあります。

　また、実際に国内メーカーは創業40〜50年くらいの老舗メーカーが多いですが、海外では創業1〜5年程度の新興メーカーがほとんどです。3年で5回くらい事業のモデルチェンジをしていることも、ざらにあります。クラファンサイトとしては、日本の産業を応援したいという気持ちが強いのもあるでしょうが、上記のような差が審査に大きな違いを生んでいると考えられます。

■ 商品ページ

　クラウドファンディングでは、商品力のよさが前提にあるとしても、商品ページ作成が支援額に大きな差を生みます。その点でいえば、国内メーカーが不利なのは否めません。

　海外メーカーは販売力に長けており、すでに国外のクラファンで成功した商品であれば、画像や動画などの素材がすでに用意されていることが多いです。日本の支援者が求める訴求に言い換える必要はありますが、素材が用意されているのは大きいです。一方で国内メーカーの場合は販売力が弱く、このような画像や動画などの用意がなく、はじめから作る必要がある場合が多いです。

　しかし、この点はクラウドソーシングでカメラマンやデザイナーさんを外注すれば解決できます。また操作説明くらいであればスマホで動画撮影してGIF保存くらいで済むこともあるので、簡単に作成できる場合があります。本格的に制作しようとすれば数十万単位の費用がかかりますが、そこまでする必要はありません。お金をかけたところで支援者に訴求できるとも限らないので、予算の範囲内で十分です。

■ 取り組みやすさ

　国内メーカーと海外メーカーでは、どちらかというと情報が多く、ノウハウが確立している海外メーカーのほうが取り組みやすいでしょう。**しかし、日本でもクラウドファンディングに興味を示す企業が増えており、国内メーカーも以前より交渉しやすくなっています。**実は、Googleで「○○○（商品カテゴリー）OEM」で検索してヒットしたメーカーに連絡すれば興味を持ってもらえることも多いです。

　また、国内メーカー直取引を経験していれば、取引先のメーカーに新商品のテスト販売を提案してみてもいいでしょう。このように、国内メーカーに対しても、さまざまなアプローチ方法があります。

■ 競合の多さと強さ

　海外メーカークラファンは取り組みやすさと商品ページの作りやすさから、徐々にライバルが増えてきています。特にKickstarterやIndiegogoなどの海外クラファンサイトでリサーチしてメーカーにアプローチする王道の方法は、早い者勝ちになってきています。

　海外メーカーからしたら「あなたで○人目です」というケースも多く発生しています。また、海外メーカーの場合は実行者の過去の実績を重視するところがあります。さらに「いくつ売れそうですか?」「販売計画を出してください」「クラファン後の計画はどう考えていますか?」という突っ込みは、必ず入ります。

　もちろん、国内メーカーでも販売計画を示して協力しながら進む必要はありますが、海外メーカーの判断はかなりドライです。そのため、過去の実績がある人が有利になりがちです。堂々と自信をもってプレゼンすれば交渉がうまく進むこともありますが、言い換えればビッグマウスな方が契約を勝ち取っている印象もあります。

　それに、海外クラファンサイトは、日本人だけでなくて世界中のセラーがチェックしています。特に有名なKickstarterやIndiegogoは、世界中の

セラーがチェックしていると考えてください。

　特に中国や香港のセラーが最近、日本のクラファンサイトに進出していますが、こういったセラーは、私達の資金力では到底及ばないほどの多額の広告費をかけてきます。私達と海外セラーで同じメーカーにアプローチした場合、どうしても資金力が強くて広告費に余裕がある黒船的存在の海外セラーの方が有利になってしまいます。そうなると私達が参入するのが難しくなります。

　アプローチする商品が重複しなくても、強力な海外セラーが類似商品のプロジェクトを同じ時期に立ち上げて、資金力の面で不利になってしまうこともあります。**一方で国内メーカークラファンは、取り組んでいる人はまだ少ないです。**また、技術力と品質という点では優れているので、強力な海外セラーのプロジェクトとも差別化しやすいです。

　その割には販売力に悩むメーカーは数多くあり、地方産業を盛り上げるという点では、需要はまだまだ多いです。産業振興は日本の大きな課題の1つなので、この需要はしばらく続くと考えられます。

■ 長期的な取引

　メーカーと一度でも付き合って信頼関係を構築すると、「次はこの商品をお願いします」と継続的な付き合いに繋がることは多いです。物販プレイヤーとしては、このように実績を積み上げて利益を加速することを目指したいところです。

　ただ、海外メーカーは実績重視なので、プロジェクトの支援額やクラファン後の展開が今ひとつの結果だった場合はすぐに契約を切られることがあります。国内メーカーよりは「金の切れ目が縁の切れ目」というところがあります。そうでなくても、メーカー側の都合で切られるようなこともあります。

　もちろん、国内メーカーでもあり得ますが、**海外メーカーほどドライではなく、関係性を重視してくれる点があります。**そのため、「次はこの新商品をお願いしたい」と継続的な付き合いに繋がることが多く、比較的実

績を長期的に積み上げやすいところがあります。関係性が重視される国内メーカーか、ドライな対応をする海外メーカーか、というのは好き嫌い分かれるところです。ただ、長期的な付き合いをするメーカーを増やしたいのであれば、国内メーカークラファンも視野に入れていいでしょう。

■ 商品開発

　すでに製作済の既存新商品を生産する場合はあまり関係ないのですが、商品開発時のコミュニケーションも国内と海外で差があります。

　国内メーカーの場合は、こちらからの提案だけでなく、メーカー側からも「こういう改良をしたほうがいいですね」など提案してくれることがあります。 お互いアイディアを出し合って魅力的な商品を作り上げていくところがあります。

　一方、海外メーカーの場合は、メーカー側の提案はなく、出品者の言われたとおりにしか作らないことがほとんどです。場合によってはコミュニケーションロスで、全然違う商品ができる可能性もあるので注意が必要です。ただ、色やサイズを変える程度のことであれば、海外メーカーでも問題なくやってくれます。

クラウドファンディングは本当に「一発ドカン」なのか？　～デメリットと打開策～

　さまざまな魅力や可能性にあふれ、ビジネス展開も期待できるクラウドファンディングですが、その割にはなかなか取り組まない人も多いです。メーカー直取引で実績を出している有力物販プレイヤーでも取り組まない人も多いですが、これは次のようなデメリットが言われています。打開策と合わせてお伝えします。

■ 単発で大きな収入になるが継続に繋がらない

　クラウドファンディングは、単発で大きな収入を得られる魅力があります。1,000万円の支援を得られれば、利益率30％として300万円の利益です。しかし、その後一般販売に繋がらなければ継続的な収入に繋がりません。「クラファンで売れた＝Amazonや楽天でも売れる」とは限らないので、クラファンで終わることも十分考えられます。

　そのため、クラウドファンディングは「一発ドカン」とも言われています。ただ、これも半分は合っていて、半分間違いだと思っています。以下のようにすることで、クラファンのこのデメリットは解消することができるためです。

❶ メーカー直取引×クラファンのハイブリッド戦略でコツコツ安定収入&爆発的収入

既製品の販路拡大をサポート	新商品・OEMの開発・販売をサポート

Amazonメーカー 直取引で継続収入	クラウドファンディングで 爆発的な収入

メーカー直取引×クラファンのハイブリッド戦略で安定収入&爆発的収入の実現

　ひとつは、**メーカーの新商品の販売だけでなく、既製品の販路拡大もサポートすることです。**取引先のメーカーが既製品の販売にも悩んでいれば、Amazonメーカー直取引を提案することもできるからです。これができれば、コツコツと継続的な利益を積み上げながら、クラウドファンディングで爆発的に稼ぐこともできます。

　既製品と新商品販売の両方をサポートしてほしいメーカーのニーズを満たすことで、コツコツとヒットを打ちながら、一発大きなホームランも狙えるようなイメージです。メーカー直取引では継続的な収入には繋がりますが、爆発的な収入は狙えません。一方でクラウドファンディングは逆です。**2つを組み合わせることで双方のデメリットを打ち消すことができるのです。**そのため、私達のコミュニティでは、メーカー直取引とクラウドファンディングを並行して実践するハイブリッド戦略をおすすめしています。

❷ メーカーから2回目以降のクラファンも任され、継続的な収入を得やすくなる

また、プロジェクトが成功したことでメーカーが喜んでくれれば、単発で終わらず「次回の新商品もお願いします」となります。メーカーとの関係性を構築することで、上記のようにメーカー直取引も任されることもありますし、継続的にクラファンを任されることもあるのです。

クラファンに一度でも成功していれば、2回目以降はリピーターが多い状態でスタートできるので、有利に進めることができます。 このように、メーカーと関係性を構築することでヒットの打率も上がるし、ホームランの本数も上げることができるのです。

■ プロジェクト終了まで支援金が入金されない

クラウドファンディングの支援金は、基本的にはプロジェクト終了まで入金されません。プロジェクト期間はだいたい1ヶ月〜1ヶ月半ですが、準備期間を含めれば3ヶ月くらいかかります。

完全無在庫で、場合によっては初期資金が不要になるクラウドファンディングですが、入金される時期が遅いのは、ひとつのデメリットです。 特に初めてクラファンを実施する場合は、リターン配送が終了するまでは他のプロジェクトを開始することができないルールになっています。運営側としては、まだ実績のない実行者については、トラブルなくリターンを配送できるまで別のプロジェクトの起案を認めないというスタンスなのです。

よく「月1回プロジェクトを立ち上げれば継続的な収入になるよ」という人もいますが、始めたばかりの人は困難です。また、複数のプロジェクトを同時に進められるようになるまでは、ある程度のスキルも求められます。

ただし、先ほどもお伝えしたように、メーカー直取引と並行したり、クラファン後の一般販売を目指したりして継続的な収入源を得られれば、このデメリットは解消されます。

■ 商品ページを作成する必要がある

　物販プレイヤーがクラウドファンディングを避けるもうひとつの理由が、商品ページ（LP）を作成しなければいけないことです。さらにプロモーション戦略を手がけることもあるので、傍から見ると「めんどくさそう」と思うかもしれません。

　ただ、作成自体はWordPressのLP制作のようなHTMLやCSSの知識がいるわけではなく、フォームに画像やテキストを挿入していくだけです。そのため、素材があれば、すぐに作れてしまいます。また、先ほどお伝えしたように画像や動画は、そこまで高度でなければ安価で外注もできます。

　あとは訴求力のあるページの構成やキャッチフレーズが課題ですが、これも本書で基本的な考え方や型をお伝えするのでご安心ください。また、プロジェクトを立ち上げる際はキュレーターもサポートしてくれます。キュレーターはこれまでのノウハウやデータを蓄積しているので、とても心強いです。

　また、商品ページ作成や広告戦略などは、新商品の販売力を身に付ける絶好の機会です。このスキルを身に付ければ、どんなプラットフォームでも販売する力を身に付けられます。一生物販を続けていきたいのであれば、ぜひチャレンジしてほしいです。

07

実はクラウドファンディングは
副業や物販未経験者ほどおすすめ

　初心者であっても上級者であっても、メーカーから新商品を仕入れてクラウドファンディングをすることには変わりません。しかし初心者には初心者に合わせた戦い方が、上級者には上級者に合わせた戦い方があります。つまり、初心者であっても定石と言える勝ちパターンがあります。よくクラウドファンディングは上級者向きと言われることがありますが、決してそんなことはありません。むしろ、副業から始める方や、物販未経験者の方にこそおすすめしたい方法です。

■ 初心者でも手堅く100～300万円の支援額を
　達成できる

　初心者の方は、いきなり1000万円以上の支援を狙うのではなく、100～300万円くらいの支援を得られる手堅いプロジェクトを立ち上げます。**これでも利益率を30％とすれば、利益は30～100万円くらいになります。**商品は、過去にMakuakeやGREEN FUNDINGなどで売れた商品をヒントにして探していきます。よく売れるカテゴリーを扱うので少しレッドオーシャンではありますが、過去に売れた商品をモデリングするので、売れる確率が高くなります。

　また、初心者の場合はいきなり多額の広告費と手間をかけてプロモーションに力を入れるようなことはしません。プロモーションは、商品に対する洞察力や経験値が求められますので、最初の頃は力を入れなくて大丈夫です。どちらかというと広告費をかけずに、売上よりも利益を重視した戦略を取ります。

　ポイントは、Chapter2でお伝えするリサーチに重点を置き、プロモー

ションに依存しなくても手堅く売れる商品を見つけることです。このような「出品さえすれば売れる」という状態を作れるので、初心者の方でも簡単に取り組むことができます。この成功体験を積み重ねることが実績となり、取引先メーカーとの信頼構築に繋がるので、得られた利益以上に今後に活用できる資産となり得ます。

■ 初心者こそクラファンがおすすめの理由

この戦略を取ることで、初心者でもクラファンに成功しやすいことが理解できたかと思いますが、他にも初心者でも取り組みやすい理由をお伝えします。

❶ アカウントの実績で売上が左右されない

例えばAmazon販売の場合、ストア評価が高いセラーの信頼が高く、実績が売上を左右するとことがあります。しかし、クラウドファンディングは、実行者の実績が支援額を大きく左右することがありません。つまり、初心者でも上級者でも同じ土俵に上がることができます。

❷ 個人事業主でもできる

クラウドファンディングは、実行者が法人だから有利ということはありません。個人事業主でも十分戦えます。これはメーカー直取引でも同様なことが言えるので、副業から始める時点で、メーカー直取引とクラウドファンディング両方実践することも可能です。

❸ All or nothingで失敗によるリスクをゼロにできる

P15～でお伝えしたように、All in方式でクラファンを実施する人が多いですが、テスト販売目的の場合などはAll or nothing方式もありです。最低ロットの販売に相当する支援金額を達成額に設定すれば、All or nothing方式にすることで失敗した場合の在庫リスクをなくすことができます。ただし、P16～のようにデメリットも多いので注意しましょう。

❹ マニュアルの充実とキュレーターの手厚いサポート

　P17〜の通り、クラファン初心者が取り組めるように、各クラファンサイトのマニュアルは充実しており、キュレーターの手厚いサポートがあります。そのため、プロジェクトに不安を持つ初心者の方でも非常に取り組みやすいです。

❺ 商品ページが作りやすい

　莫大なシステム投資がされているクラファンサイトの商品ページは、WordPressのLP作成のような難解なコーディング知識が必要ありません。アメブロ投稿のような感覚で簡単に操作しながら作成できます。この点は初心者が戸惑うことはないでしょう。

❻ 完全無在庫の予約販売であること

　クラウドファンディングは、資金調達を前提としたローリスクな予約販売システムです。メーカーから着手金を請求されることはありますが、最初から仕入れ分を全額支払うわけではないので、キャッシュフローのリスクを抑えることができます。

❼ ライバル不在

　クラウドファンディングは、Amazon販売のように商品ページの相乗りで商品を販売するわけではありません。類似商品を販売するライバルとの差別化は必要ですが、同じ商品を販売するライバルがいない点は初心者でも取り組みやすい要素のひとつです。

❽ クラファンサイトの力で勝手に売れていく

　クラウドファンディングは、一度プロジェクトを立ち上げると、クラファンサイトの集客力で勝手に売れていくことがあります。

❾ 万が一の事態でも慌てずに対応できる

　国産品の場合は確率が低いですが、クラウドファンディング終了後、商品の遅延や不良品の発生が起きないとは限りません。しかし、Amazon販売のように注文があったらすぐに配送するわけではなく、リターン配送まで十分時間があります。そのため、万が一の事態でも時間をかけて慌てずに解決することができます。

■ 上級者は支援額1,000万円以上の大ヒットも狙おう

　一方で上級者の場合は、目利きや商品に対する洞察力、経験値がついています。**そのため、多少広告費をかけて1,000万円以上の支援を狙っていくのもありです。**1,000万円以上の支援を得ているプロジェクトは、だいたいクラファン開始前に広告をかけて周知・集客を行っていることが大半です。また、商品に対する洞察力や目利きもついているので、今まで見たことのないような斬新な商品を扱うのもいいでしょう。

　このように、クラウドファンディングは、人によって適した戦略があります。実績を積み重ねればクラファンに興味を持つ取引先のメーカーも増えてきますので、自然とさまざまなビジネス展開ができるようになるでしょう。

08

クラウドファンディングで利益を得るのはゴールではなく、スタート

　以上、クラウドファンディングの概要をお伝えしてきました。私が一番に言いたいことは、**これからクラファンに取り組む方には、クラファンをゴールとしてではなく、スタートとして捉えてほしいという点です。**

　クラウドファンディングは、1件で得られる瞬間的な大きな利益に惹かれる方も少なくないですが、そこで終わってほしくないと思います。

　何度かお伝えしているように、クラウドファンディングは実績を積み重ねることで、売上や利益を加速させることができます。

　せっかくこだわりを持って作った商品が売れずに困っているメーカーを助けることで、信頼関係を構築していけます。そして2回目以降のプロジェクトでは、リピーターの力を借りながらプロジェクトを有利に進められます。既存取引先メーカーとの関係構築はもちろん、実績も積みあがるので、国内外問わず新規の取引先メーカーと取引ができるようになります。

　もちろんクラウドファンディングでヒットした商品がAmazonや楽天で販売できることもありますし、大手の卸業者から声がかかることもあります。もちろん、一般販売ができれば継続的な収入にもなります。

　しかも、クラウドファンディングで得られたメーカーとの交渉力や新商品の販売力は、時代が変わっても常に求められるスキルです。一生物販を続けていくには最高の手段なのです。

　1件のプロジェクトは、これらすべてのきっかけにすぎません。目先の瞬間的な利益を追うのではなく、中長期的に事業拡大していく手段として捉えましょう。

　これらを踏まえて、Chapter2以降は具体的には国内メーカークラファンのノウハウをお伝えしていきます。

Chapter 2

【レベル別】クラウドファンディングに向いている商品リサーチ方法（国内メーカー編）

クラウドファンディングでは新商品を出品しますが、一から商品を考えるわけではありません。国内外のクラファンサイトをリサーチしながら、モデリングする商品を決めてメーカーにアプローチします。リサーチには初心者に向いた方法と、中上級者に向いた方法があります。そこで、Chapter2では、リサーチの基本的な考え方やレベル別のリサーチ方法をお伝えします。

最初に知っておきたい
クラウドファンディングの商品リサーチ

■ クラファンで売れる商品＝過去クラファンで 売れた商品

　これからクラファンに取り組む方に知っておいてほしいことは、「**クラ ファンで売れる商品＝過去クラファンで売れた商品**」であるということで す。もちろん、あくまでクラファンサイトで過去に売れた商品をモデリン グするということで、そのまま真似するわけではありません。見つけた商 品を製造したメーカーや、他の類似商品を製造できるメーカーに「新商品 はないですか？」「OEMはできませんか？」とアプローチするのです。

　これまで新商品というのは、既存の商品をモデリングして開発されてい ます。ファミコンが発売された6年後には、持ち歩いてゲームができるゲー ムボーイが発売されています。プレイステーションも、最初に発売された PS1をもとにしてPS2、PS3、PS4、PS5と進化を重ねています。iPhone もどんどん次世代モデルが発売されています。このように世の中のあらゆ る商品は、既存商品をもとにアイディアを重ねて進化したものなのです。

■ 実需のある商品であること 　〜マーケットインとプロダクトアウト〜

　マーケティング用語に、マーケットインとプロダクトアウトという言葉が あります。これはクラウドファンディングに限らず、商品を販売するうえ で重要なことです。

マーケットインとプロダクトアウト

マーケットイン	プロダクトアウト
○	×
買い手都合の商品	売り手都合の商品
実需がある	実需がない
誰が買うのか想像できる	誰が買うのかわからない
消費者のニーズを汲みとって商品開発を行うこと	メーカーの作りたいもの、作れるものを基準に商品開発を行うこと
「持ち運びできるものが欲しい」「防水加工したものが欲しい」等の消費者のニーズをもとに開発する。	●自社で取得した特許を活かして開発 ●自社で導入した機械で製造できるものを開発

　売れる商品とは、マーケットイン視点で消費者のニーズを汲みとった実需のある商品です。**そのため、メーカーと交渉して新商品やOEM商品を開発する際はマーケットイン視点で商品を作ります。**また、プロジェクトを立ち上げる際は、消費者のニーズを深掘りして商品ページを作成します。

　マーケットイン視点で商品を作ると、どんな人が、どのように使う商品か想像できます。自分が買いそうになった商品や、友達や親戚が欲しがりそうな商品だと思ったら、それはマーケットイン視点で作られているということです。プロダクトアウトな商品は、このような買い手の姿が想像できないことが多いです。実際にリサーチしてみると、売れた商品はマーケットイン、売れない商品はプロダクトアウトという傾向があります。実需のない商品は売れません。

　また、クラファンで売れる商品と、Amazonや楽天で売れる商品が異なるのは、この消費者層のニーズの違いによるものです。クラファンには、多少高価でも付加価値のある新商品にニーズがありますが、Amazonや楽天では、そこまで目新しいユニークな商品は求められていません。

　クラファンの消費者のニーズに応えるためにも、MakuakeやGREEN FUNDINGなどで売れた商品をリサーチする必要があります。特にAmazonや楽天の販売に慣れている人は、クラファン消費者のニーズをつかむために、一度感覚をリセットする必要があります。少しずつでもいい

ので、目利きを養うためにも Makuake や GREEN FUNDING でリサーチ
してください。そして、「なぜこの商品は売れたのか？」「どうすればもっ
と売れるだろうか？」を考えるようにしましょう。

■ レッドオーシャンとブルーオーシャン

　レッドオーシャン（供給過多な飽和市場）とブルーオーシャン（供給の
ない未開拓市場）という言葉を聞いたことがあるかと思います。クラファ
ンにも、競合ひしめくレッドオーシャンと、競合が誰もいないブルーオー
シャンがあります。初めてクラファンに取り組む方は、レッドオーシャン
に飛び込むべきか？　ブルーオーシャンに飛び込むべきか？　どちらでしょ
うか？

　答えはレッドオーシャンです。

　レッドオーシャンというと、「ライバルだらけ」というネガティブなイメー
ジがあります。しかし、実需があるからこそレッドオーシャンとなるわけな
ので、成功事例やヒントがたくさんあります。

　一方でブルーオーシャンはライバルもいませんが、誰も開拓していないの
で、実需があるかどうかを判断できません。類似商品がないので、どうい
う商品で、消費者にどんなメリットがあるか想像つかないのです。実需が
あればだれも開拓していないドル箱市場の発見になりますが、一方で人か
ら必要とされていない場合もあります。

　中上級者であれば、どんな商品が売れるかもわかってくるので未開拓市
場に飛び込んでもいいでしょう。しかし、初級者は敢えてレッドオーシャ
ンに飛び込むことをおすすめします。

　**なぜかというと、レッドオーシャンのなかでも、右ページ上の図のよう
に誰も手掛けていないニッチゾーンを見つければブルーオーシャンになり得
るのです。**ヒットする商品は基本的には需要があって供給のない商品です。
このような商品はレッドオーシャンの中でこそ見つけやすいところがありま
す。類似商品がヒントとなり成功事例も多いので、初心者の方も取り組み
やすいでしょう。

レッドオーシャンの中のブルーオーシャンを狙う

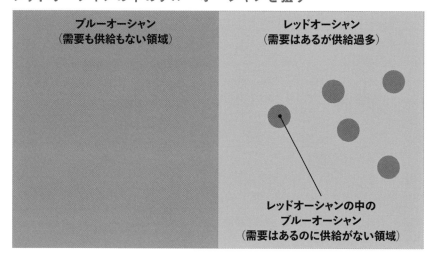

■ リサーチ段階では採算を考えず 「売れるか売れないか」で判断

本書はクラファンの一連の流れに沿った構成としていますが、その中でも、リサーチ〜交渉の大まかな流れは以下の通りです。

❶売れそうな商品を見つける	Makuake、GREEN FUNDINGなどで売れそうな商品を見つける	Chapter2
❷商品を作れそうなメーカーと交渉する	見つけた商品のメーカーや類似商品を作れるメーカーと交渉する	Chapter3
❸利益計算する	採算が合うかどうかを確認する	

ここで、実行者がクラファンを実施するか否かを判断するのは「❸利益計算する」の段階です。メーカーと交渉してみて、仕入れ価格や最小ロットなどを確認してからでないと、クラファンの可否はわからないためです。メーカー直取引でも、メーカーと交渉してみて、OKが出たら見積もり精査して仕入れ判断します（詳細は拙著『Amazon国内メーカー直取引完全ガイド』参照）。

リサーチの段階では「採算が出るかどうか？」はとりあえず考えなくて

も、問題ありません。とにかく次ページの「クラファンリサーチ選定基準」
をもとに、売れそうな商品を見つけ、メーカーにアプローチしてください。
　リサーチ段階で可否を判断する材料はありませんし、ここで「できるか
できないか」を考えてしまうと、取引の可能性を狭めてしまいます。たし
かに、せっかくリサーチしてメーカーと交渉を重ねて、結果「クラファン
をしない」ということになっては、それまでの工程が無駄に思えるかもし
れません。しかし、このように段階を踏まえて検証することで、確実に魅
力的な商品を作れるメーカーと出会えるようになります。
　また、クラウドファンディングは実際にリサーチして、メーカーと交渉
して初めてスキルが身に付くところがあります。特に最初は練習と思って、
クラファン可否を考えずに交渉を進めてみてください。

【重要】初心者が失敗しないための クラファンリサーチ15個の選定基準

　具体的なクラウドファンディングのリサーチ方法についてお伝えします。メーカー直取引で言えば、商品リサーチの「❶Amazon本体なし、❷Amazonランキング50,000位以内、❸FBA出品者2人以上」に該当するところです。

　しかし、クラウドファンディングのリサーチで気を付けてほしいことは、「いくつ以上該当しないといけない」という判断基準によるものではないという点です。あくまで目安であり、中上級者になると敢えて以下の基準に従わないこともあります。ただし、以下の選定基準には重要度が高い項目もあります。特に初めてクラファンに取り組む方は重要度の高い項目に意識して、リサーチに取り組んでください。

商品選定基準と選定理由

商品選定基準	選定理由	重要度
❶達成金額100〜300万円のプロジェクトであること	クラファンで売れる商品=過去クラファンで売れた商品	◎
❷比較的実需があって供給が少ない商品カテゴリーを選ぶ	売れる確率が高いカテゴリーを狙う	◎
❸1〜3年前のプロジェクトであること	当該商品をモデリングした新商品を出すタイミング	◎
❹取扱難易度が高くないこと	取扱難易度が低い=初心者向け	◎
❺リサーチして見つけたメーカーに他のクラファン実績がある	クラファンに理解のあるメーカーは初心者でもやりやすい	◎
❻実需のある商品（消費者の悩み解消や欲求を実現できること）	売れる商品の絶対条件	◎

❼30～40代男性受けするような商品であること	クラファンのメインの消費者層(ただし最近は女性向きも多い)	
❽自分自身興味を持てること	興味のある商品の方がやりやすい	
❾海外では輸入規制があり扱いにくい商品であること	ブルーオーシャンの確率が高い	
❿国産品であること	最初は国産品をリサーチする	
⓫商品単価10,000円程度	支援を得られやすい	
⓬類似商品を他社も作れること	製造メーカーに断られた場合の次の一手(Chapter3参照)	
⓭Makuakeではプロジェクトがあるが、CAMPFIREにはないこと	おかわりクラファンのアプローチ(Chapter7参照)	
⓮クラファン終了後にMakuakeストアを開設していないこと	開設していると代理店との関係性が強くメーカー交渉が難しい	
⓯実行者はメーカー自身か? 別にいるか?	どちらの場合でもアプローチすべき	

■ ❶達成金額100～300万円のプロジェクトであること

　「クラファンで売れる商品＝過去クラファンで売れた商品」なので、リサーチすべき商品は過去に成功したプロジェクトです。**目安としては、達成金額がだいたい100～300万円くらいの商品をチェックしましょう。**

　リサーチしていくと、支援額1000万円を超えた商品も見つかりますが、このような商品はライバルもかなり狙っています。また、実際に1,000万円以上の支援を狙うならばプロモーションのスキルが求められます。実際に1,000万円以上のプロジェクトは、商品力だけでなく、プロモーションや知名度を活かして売れた場合がほとんどです。中上級者は目指したいところですが、初心者の目標としては高すぎるところがあります。

　そのため、100～300万円くらいのプロジェクトなど、自分の目標としやすい商品をリサーチするのです。実際に100～300万円くらいの商品は種類が多く、いろんな商品をリサーチできるので、自分が興味を持てる商

品も見つけられます。付加価値を付けた商品を販売することで、結果的に1,000万円規模の支援を得られる可能性もあります。

　中上級者の方であれば、1,000万円以上のプロジェクトはもちろん、逆に100万円未満の売れなかった商品を狙うのもありです。経験を重ねることで、例えば「この商品は商品ページを作り変えれば売れたかも」「この商品なら、この機能を付ければ売れるのに」ということが見えてくるためです。経験を重ねながら、リサーチの幅を広げていくといいでしょう。

■ ❷比較的実需があって供給が少ない
　　商品カテゴリーを選ぶ

　特に初めてクラウドファンディングに取り組む方は、売れそうな商品を見つけた場合は、似たような商品が他にないかどうか、リサーチするようにしてください。なぜかというと、実需があって供給が少ない商品カテゴリーかどうかを確認するためです。もし、そのようなカテゴリーであれば成功する確率が高くなります。

　目安としては、同じカテゴリー名で検索してみて、類似商品の数が10～30件くらいだと比較的ブルーオーシャン、50件を超えてくるとレッドオーシャンです。

　次に類似商品の支援金額の平均を計算してみます。平均支援額100万円以上のカテゴリーであれば、かなり手堅く成功を狙えます。ここで平均支援額が100万円を大きく下回るようであれば、初心者の方にとっては狙い目とは言えないでしょう。

　なお、類似商品が2～3件程度で、まだヒット商品（支援100万円以上）がない、誰も目を付けていない商品もあります。ジャンルとしてはブルーオーシャンですが、初心者にはハードルが高く、比較的中上級者向きです。ただ、誰も目を付けていないドル箱の可能性があり、大成功する可能性も十分にあります。実需をしっかり確認する必要がありますが、新たな市場を開拓できるところがクラウドファンディングの醍醐味と言えます。

　ここで、Makuakeの具体的な検索例をいくつか挙げてみましょう（検索

結果は2022年2月時点）。

❶【需要があるが供給過多の例】財布

財布は競合が多く、売れなかった商品も多い

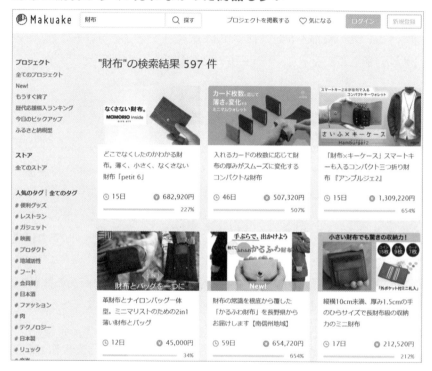

　超レッドオーシャンと言われているカテゴリーが「財布」です。検索してみたら、なんと597件のプロジェクトが出てきました。しかも、調べてみると売れていない商品もかなり多く、供給過多であることがうかがえます。ニッチゾーンを見つけられれば勝機はありますが、ここまで供給過多ではニッチゾーンを見つけるのは難しいでしょう。

❷【需要はあるが供給がまだ少ない例】雪駄

雪駄の検索結果は16件で、ヒット商品も多い

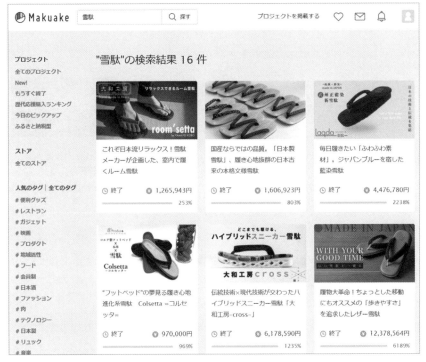

　一方、「雪駄」で検索してみたところ、検索結果は16件でした。そこまで多くはないですが、商品の傾向をリサーチするには十分な数と言えます。また、支援金額を調べてみるとほとんどが100万円を超えており、なかには1,000万円を超える大ヒット商品もあります。ヒットしなかった商品もありますが、比較的成功する確率の高いカテゴリーと言えます。

❸【需要も供給も少ない例】絵具

絵具はプロジェクト件数も支援金額も少なく、実需がないと予想

　カテゴリー検索してみて、検索結果が2〜3件程度でヒット商品もない場合は、ブルーオーシャンですが、需要をしっかりと確認する必要があります。例えば上記の「絵具」です。プロジェクト件数は3件しかなく、しかも3件ともヒットしているとは言えません。

　ここで考えるべきポイントは、どんな人が絵具を欲しいと思うかという点です。おそらく、多くの人は美大生や画家、趣味で絵を描いている人くらいしか思いつきません。自分の周りにあまりいないターゲットに絞られてしまうので、実需がないのは何となく想像できます。しかし、このようなカテゴリーでも未開拓のドル箱市場があるかもしれません。その場合は、以下のことをリサーチして実需を確認するようにしてください。

> ●海外クラファンサイト（Kickstarter、Indiegogo）で類似商品のヒット商品がないか？
> ●海外で商品化されている場合は日本でも実需がありそうか？
> ●用途を変更したり機能を追加したりすることでターゲットを変えられないか？

❹【需要がなく供給過多の例】過去のヒット商品

　供給過多で需要がない商品も、意外と要注意です。「そんな商品あるのか？」「そんな商品売るわけない」と思われるかもしれませんが、案外見落としがちです。**例えば、昔は売れたけど、流行が過ぎてしまって今はそんなに売れないという商品です。**そのため、トレンドや旬の商品カテゴリー/商品名、キーワードには注意してください。

　例えばコロナ禍で売れたような商品は、今後も需要があるかどうかわかりません。例えば「マスク」「除菌」などは、コロナ禍が過ぎればニーズがなくなることもあり得ます。リサーチして見つけた売れた商品は、旬な時期に販売したから売れただけで、今は旬を過ぎている可能性があります。以下のように時勢の動向も注意するようにしましょう。

コロナ禍前後の商品需要

時勢に関わらず売れる商品	生活用品、美容・健康系グッズ、お悩み解決系、家電、オーディオ機器、ガジェット	○（需要あり）
コロナ禍以降売れている商品	自宅フィットネス、ランニング、自転車、調理器具、ゲーム、アウトドア、カー用品	○（需要あり）
コロナ禍のみ流行した商品	除菌系グッズ、マスク	△（需要減の可能性あり）
コロナ前に需要があった商品	通勤用グッズ	△（需要減の可能性あり）

■ ❸1〜3年前のプロジェクトであること

　MakuakeでもGREEN FUNDINGでも、終わったばかりの新しいプロジェクトよりは、1年以上前のプロジェクトをリサーチするようにしましょう。**なぜかというと、直近で成功したプロジェクトは、既に市場を取られている可能性があるためです。**消費者の立場で見れば、「すでにこの商品で満足しているのに、二番煎じは欲しくない」と思ってしまうだけです。

また、メーカーが前回のプロジェクトをモデリングした次世代モデルを開発するのも、だいたい半年〜1年くらい経ってからです。iPhoneもだいたい半年〜1年くらいで新しい機種が発売されますが、次世代モデルの発売間隔はだいたいそのくらいです。プロジェクト終了後1年くらいが、メーカーにアプローチするちょうどいいタイミングです。

　一方、あまりにも期間が経過しすぎた、古いプロジェクトも注意が必要です。なぜかというと、以前は売れたが今はもう売れない商品が比較的多いためです。また、ここ2〜3年で薬機法・景品表示法などの広告規制やクラファン出品ルールが厳しくなっているので、今では参考にならない商品ページも多数あります。**目安としては、1〜3年くらい前のプロジェクトを目安としておくといいでしょう。**

■ ❹取扱難易度が高くないこと

　取扱難易度が高いとは、例えば次のような商品です。やや扱いにくいので初心者の方は避けた方がいいでしょう。中上級者の方でも、よほど「これはいける！」と思うものでなければ避けたほうが無難です。

- ●構造が複雑で使いづらい
- ●壊れやすい
- ●あまりに大型・重量である
- ●冷蔵、冷凍でないと配送できない
- ●あまりに高単価である（50,000円以上など）
- ●数百万円程度の着手金をメーカーから請求されている（P192〜）
- ●ケガや災害の恐れのある商品

■ ❺リサーチして見つけたメーカーに 他のクラファン実績がある

リサーチして見つけたメーカーについては、他のクラファン実績があるかどうかもチェックしておきましょう。**もし、過去に他のプロジェクトがあれば、クラファンに理解のあるメーカーである可能性が高いです。**

もし契約が成立した場合は、非常にスムーズにクラファンの準備ができます。コミュニケーションも取りやすく、逆にメーカーのほうから「こんな感じで改良してもいいですね」と提案してくれる可能性があります。

もちろん、自社内でノウハウが確立されている場合や、すでに他の代理店と関係性を構築している場合は断られる可能性が高いです。しかし、ダメ元でアプローチする価値は十分あるでしょう。後述するように、クラファン担当者が辞めているとか、代理店との契約を切っている場合は、交渉が成立することがあります。

■ ❻消費者の悩み解消や欲求を実現する 商品であること

消費者のお悩みを解決してくれたり、欲求を実現してくれたりするマーケットイン視点の商品は成功する可能性が高いです。例えば既存の類似商品で不便だったところを、解消できた商品。また、美容・健康系グッズのように消費者の悩みや欲求にダイレクトに訴求できる商品は、初心者でも非常に取り組みやすいです。

重要なところなので、次項「02 クラウドファンディングで狙い目の商品9つの重要なポイント」で詳しくお伝えします。

■ ❼30～40代男性受けするような商品であること

消費者と親和性の高い商品ジャンル
（GREEN FUNDING資料より）

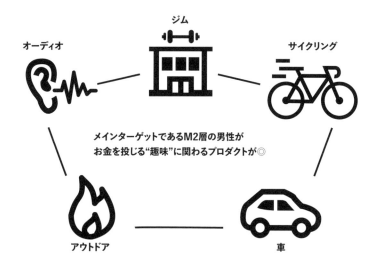

クラウドファンディングの主な支援者層は、都市部に住む30～40代の男性なので、このような男性が好きそうなジャンルからリサーチしてもいいでしょう。例えば上図のように、ガジェット系やアウトドア用品、自転車、カー用品、オーディオ、健康系商品などです。ただ、最近は女性の支援者も増えてきており、以前より男性向きの商品にこだわる必要はありません。特に女性の実行者であれば、女性向きの商品を選ぶのもいいでしょう。

■ ❽自分自身が興味を持てること

自分自身が興味のない商品よりは、興味を持てる商品を扱うほうがいいです。これは物販全体でも言えることですが、特にクラウドファンディングであればその傾向は強くなります。**なぜかというと、クラウドファンディングは商品の魅力を消費者に十分伝えるプロモーションの力を試されるためです。**消費者への訴求を考えるなら、興味のない商品よりは興味のある

商品のほうが考えやすいでしょう。また、興味がある商品を選んだ方ほう
がモチベーションも維持できます。

■ ❾海外では輸入規制があり、
扱いにくい商品であること

　海外メーカーから仕入れた商品でクラウドファンディングに取り組む人
は多いですが、ネックになるのが輸入規制のある商品です（P47〜）。輸
入品でPSE、技適、食品衛生法などの規制をクリアするのは、特に物販を
始めたばかりの人にはハードルが高いところがあります。

　**クラファン市場では国産品よりも輸入品を扱う物販プレイヤーが多いの
で、輸入規制のある商品はブルーオーシャンになりやすい傾向があります。**
国産品には、輸入に関するハードルが一切関係ないところがメリットです。
輸入品では扱いにくい商品を狙うのも1つの手です。輸入規制・禁止商品
については、拙著『Amazon海外メーカー直取引完全ガイド』をご覧くだ
さい。具体的には、以下のような商品で、クラウドファンディングと相性
のいいカテゴリーも多いです。

輸入規制・禁止商品の例

電気用品安全法（PSE法）に関連した商品	●コンセントの付いた家電製品 ●モバイルバッテリー
電波法（技適）に関連した商品	●スマホやタブレット、ラジコン、ドローン、トランシーバーなど無線設備全般 ●Bluetooth搭載製品
食品衛生法に関連した商品	●食品 ●酒類 ●食器 ●キッチン用品 ●乳幼児を対象にしたおもちゃ
薬機法	●サプリメント ●プロテイン ●化粧品 ●医療機器

輸入禁止商品	刀剣類や銃砲など武器系（殺傷能力のないモデルガンやエアガン含む）
空輸のハードルが高い商品	液体系（洗剤・薬液など）

■ ⑩取扱難易度が高くないこと

　国内メーカークラファンに取り組むなら、最初は国産品からリサーチするのがいいでしょう。**国産品であれば生産メーカーに直接アプローチできますし、類似商品を開発できるメーカーも多くなります。**「国産」「日本製」というキーワードや地名でも検索してみてください（P103参照）。国産であることが付加価値になっている商品もあります。

　しかし、中上級者向きの方法にはなりますが、輸入品からアプローチするのもありです。「この輸入品をモデリングした商品を作ってもらえませんか？」と交渉すればいいのです。詳しくはP178〜をご覧ください。

■ ⑪商品単価が10,000円程度の商品

　どれくらいの商品単価を狙えばいいか？　というのもよく聞かれる質問ですが、目安は10,000円程度です。**Makuakeではよく売れる商品の平均単価が10,000円程度と言われており、初心者の方は目安にするといいでしょう。**あまり高額、特に50,000円以上の商品は支援者を集めることが難しく、逆に低単価の場合は広告の費用対効果が悪くなります。
しかし、必ずしも高単価もしくは低単価の商品が悪いわけではありません。**特に狙い目の商品があれば、単価に関わらず積極的にチャレンジしてもいいでしょう。**

　高単価の商品は予算に余裕を持って広告を出すことができますし、少ない支援者数で利益を出すことができます。一方低単価の商品は支援者数を集めることができて、多く売ることができます。特に初めてのクラファンの場合は5,000円程度の商品で多く支援者数を集めて、2回目以降のリ

ピーターを集めるという手もあります。その場合は2回目以降に比較的高単価の商品を出品するといいでしょう。

■ ⑫類似商品を他社も作れること

リサーチして見つけた商品を生産しているメーカーにアプローチしても、断られる可能性は十分あります。**その場合は類似商品をモデリングした商品を作れるメーカーを探すことになります**（P131〜）。

しかし、なかには生産メーカー独自の技術で、特許を取得しているものや、メーカーしか扱えない素材のある商品もあります。その場合は、メーカーにアプローチして断られれば諦めるしかないので、別の商品をリサーチしましょう。

■ ⑬Makuakeではプロジェクトがあるが、CAMPFIREやmachi-yaにはないこと

これは「おかわりクラファン」のことです（P342〜）。おかわりクラファンとは、あるクラファンサイトでプロジェクトを終了したあとに、別のクラファンサイトで同じプロジェクトを立ち上げることを言います。MakuakeやGREEN FUNDINGで行ったプロジェクトを終了後にCAMPFIREかmachi-yaで行うことが多いです。

おかわりクラファンの良いところは、商品ページを流用できるので手間をかけずにプロジェクトを立ち上げられる点です。しかし、すでに販売した商品を扱うので、支援額は前のプロジェクトの30%程度に留まることが多いです。ただ、取りこぼしなく消費者に商品を販売するという点では価値のある方法です。

通常、おかわりクラファンは同じ実行者が行うことが多いです。ただ、メーカーと実行者の契約が切れたなどの事情で、おかわりクラファンが行われていないプロジェクトもあります。そのようなプロジェクトがあれば、メーカーにアプローチしておかわりクラファンができる場合もあります。

MakuakeやGREEN FUNDINGと同じ商品名でCAMPFIREやmachi-yaでも検索してみて、もしなければおかわりクラファンを打診してみてもいいでしょう。

■ ⓮クラファン終了後にMakuakeストアを開設していないこと

Makuakeストアとは、プロジェクト終了後に完成した商品を出品できるMakuake内のショッピングサイトのことです。プロジェクト終了後の一般販売の販路の1つとして活用することが可能です（P365～）。

Makuakeストア

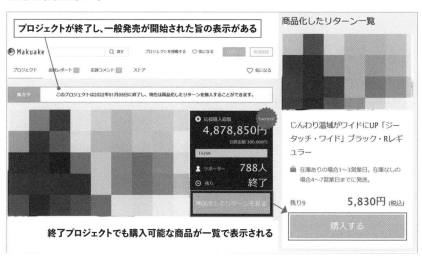

商品をリサーチしていて気になる商品については、一応Makuakeストアが開設されていないか確認してください。Makuakeストアが開設されている場合は、メーカーと実行者の結びつきがまだ強く、メーカーに交渉しても断られる可能性があります。**逆にMakuakeストアが開設されていなければ、メーカーと実行者の契約が切れている可能性があるので、契約成立の可能性が高くなります。**ただ、Makuakeストアではなく他の一般販売に

力を入れている可能性もあります。

　もちろん、どちらにしてもダメ元で交渉してみることで問題ないのですが、目安として知っておくと、作業の優先順位が変わります。

■ ⑮実行者はメーカー自身か？ 別にいるか？

　実行者については、プロジェクトの実行者がメーカー自身であるケースと、私達のような代理店が実行者になっているケースがあります。

　前者については、「メーカー自身でクラファンを立ち上げて成功しているなら、交渉しても意味がないのでは？」という質問がよくあります。

　ただ、私としてはそのようなメーカーでも、まずは交渉してみることをお勧めします。メーカーのクラファン担当者が退職しているなどの事情で、クラファンができなくなっているメーカーもあるためです。

　また、特に初めての方であれば、すでにクラファンを経験したメーカーのほうがやりやすいです。クラファンに理解があり円滑にプロジェクトを進められますし、メーカーから提案もしてくれます。もちろん断られる可能性もありますが、最初からあきらめる必要はないので、ダメ元でもアプローチしてみてください。実際に過去5,000万円ほどの莫大な支援を得たメーカーにアプローチして、交渉が成立した例もあります。

　後者のメーカー自身ではなく代理店が実行者になっているケースでも同様です。1年以上前のプロジェクトであれば契約が切れている可能性も十分あり、この場合は私達が契約できる可能性は十分あります。過去売れた商品の進化版を同じメーカーが作るのであれば、かなり初心者の方もやりやすいでしょう。

クラウドファンディングで
狙い目の商品9つの重要なポイント

　リサーチ選定基準の話で、「実需のある商品＝消費者の悩み解消や欲求を実現する商品であること」というのがありました。商品の販売力を身に付けるうえでとても大事な視点です。

　ただ、初めての方は「それってどんな商品なの？」と疑問に感じると思います。そこで、具体的にクラウドファンディングで実需のある狙い目の商品についてお伝えします。手堅く成功するために次の視点は必ず持ってください。**また、クラウドファンディングでリサーチする商品は、販売する商品ではなく、モデリングする商品です。**以下の視点で付加価値を加えることができないか、メーカーと一緒に検討するようにしましょう。

■ ❶近未来商品はOK、未来すぎる商品はNG

　クラウドファンディングで出品する商品でお勧めなのは、ちょっと先を行った近未来商品で、あまりに先を行き過ぎた商品はNGです。具体例を挙げると右ページの通りです。

近未来的な商品と未来すぎる商品の違い

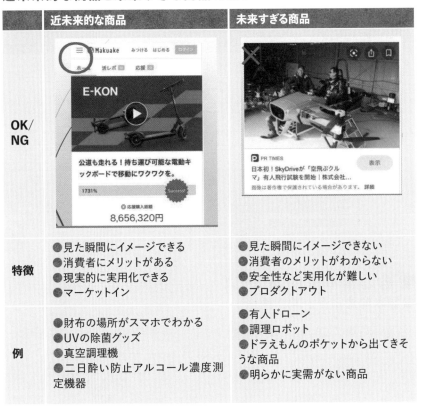

	近未来的な商品	未来すぎる商品
OK/NG	E-KON 公道も走れる！持ち運び可能な電動キックボードで移動にワクワクを。 1731%　Success! ●応援購入総額 8,656,320円	PR TIMES 表示 日本初！SkyDriveが「空飛ぶクルマ」有人飛行試験を開始｜株式会社... 画像は著作権で保護されている場合があります。詳細
特徴	●見た瞬間にイメージできる ●消費者にメリットがある ●現実的に実用化できる ●マーケットイン	●見た瞬間にイメージできない ●消費者のメリットがわからない ●安全性など実用化が難しい ●プロダクトアウト
例	●財布の場所がスマホでわかる ●UVの除菌グッズ ●真空調理機 ●二日酔い防止アルコール濃度測定機器	●有人ドローン ●調理ロボット ●ドラえもんのポケットから出てきそうな商品 ●明らかに実需がない商品

　いくら新しいモノ好きの消費者が多いクラファン市場とは言っても、「何これ？」と思われるような商品は売れないということです。実際にこのようなプロジェクトは成功していません。上の例でも、近未来的な商品は「欲しい」と思えても、右の未来すぎる商品は「別に欲しくない」「事故が起きそうで怖い」と思わないでしょうか？「これ欲しいな」という感覚を大事にしてリサーチしましょう。

　また、実需の有無については、「この消費を買いたいか？」「いくらなら欲しいか？」といったことをアンケートで聞いてみるのもいいでしょう。例えば「ミルトーク」という、開発したい新商品に対して、消費者の意見を求めるサービスがあります。

ミルトーク（https://milltalk.jp/）

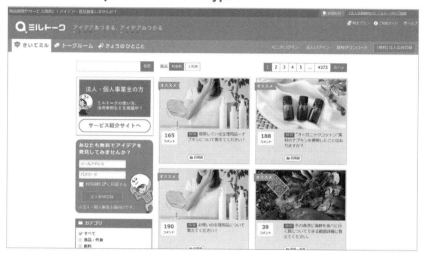

■ ❷お悩み解決系グッズ
お悩み解決系グッズの例

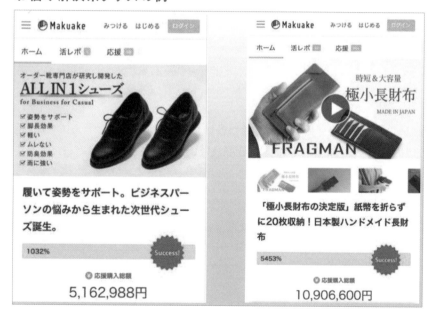

「消費者の悩み解消や欲求を実現する商品であること」の例として、一

番わかりやすいのが、上記のようなお悩み解決系グッズです。

リサーチした商品ページを見ながら、「この商品はどんなことに悩んでいる人が使うのだろうか？」「何がしたい人が買ったのか？」ということを考える癖をつけましょう。

また、商品をリサーチしながら、「サポーターからの応援コメント」も読むようにしてください。ただ、クラウドファンディングの場合は支援時のコメントなので、Amazonレビューと違って使用感に関するコメントはありません。そのため、「応援しています！」「楽しみにしています！」などのコメントが多く、参考になるコメントはAmazonや楽天のレビューに比べると少ないところがあります。ただ、なかには下の例のように参考になるコメントもありますので、確認してみてください。

参考になりそうな支援者のコメント

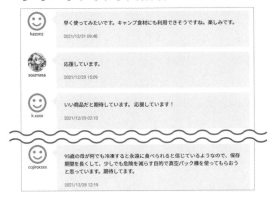

例えば上記であれば、「キャンプ食材にも利用できそう」というコメントがあるので、「ではアウトドア用に新商品を開発してみよう」というアイデアが生まれます。また、Amazonで類似商品があればレビュー（高評価、低評価ともに）を読んでみてもいいでしょう（商品ページ作成時にも活用します）。

商品ページの内容やコメントを確認することで、「誰が何のために欲しがる商品」なのかが具体的にわかります。もし、ターゲットのニーズを深掘りするのであれば、拙著『Amazon国内OEM完全ガイド』で紹介した

ターゲット消費者深掘りシートを活用してみてください。

ターゲット消費者深掘りシート

「誰に」		どんな人が商品を使うのか？
「何を」		
いつ（T）		いつ、どこで、どう使うのか？
どこで（P）		
どうやって（O）		
期待		何を期待して、もしくはどんな不安を解決して商品を選ぶのか？
不安		

ターゲット消費者深掘りシートは、以下からダウンロードしてください。

●ターゲット消費者深掘りシート

https://bit.ly/43ipWLu

■ ❸モノ消費よりはコト消費
（使うシーンを想像できる商品を購入）

【真空パック機の例】真空パック機というモノではなく「食品を長く美味しく保存できる」コトに関心を持って購入している

■3000万円販売した真空パック機の最新作

クラウドファンディングの消費者は、自分の趣味や仕事、日々の生活のなかで、実際に使うシーンが想像できる商品を求めています。**これは、商品の所有そのものに価値を見出す「モノ消費」と区別して、体験や経験にお金を使う「コト消費」と言われています。**

例えばモノ消費であれば、「フェラーリが欲しいからフェラーリを買う」といったものです。一方で、コト消費は、商品そのものが欲しいのではなく、次ページの表のように「商品を手に入れた先の体験や変化」を求めているという考え方です。

商品を使うことで得られる体験や経験の例

商品	商品を使うことで得られる体験
真空パック機	食品を長く美味しく保存できる
キャンプ用工具	耐熱性が強くて火傷しない安全設計
コーヒーマシン	煎れたコーヒーが良い香りがする
小型の財布	小さくてかさばらない割には収納しやすい
枕	気持ちよく寝られて朝スッキリ起きられる

「ドリルを買いにきた人が欲しいのは、ドリルではなく『穴』である」という、マーケティングの有名な格言があります。使用後のシーンを思い浮かべることができるような商品を選びましょう。

■ ❹美容・健康系グッズ
美容・健康系グッズの例

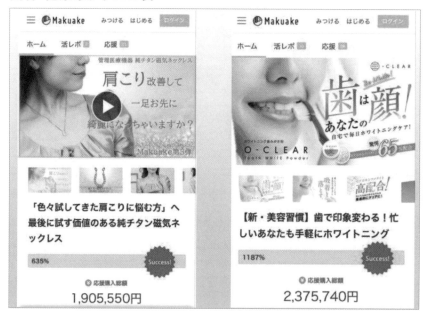

美容・健康系グッズは、わかりやすく消費者の悩みに訴求できる商品のひとつです。とはいえ、消費者が継続購入することが前提となっているサ

プリメントやプロテイン、化粧品などはクラウドファンディングとは相性がよくありません。

　クラファンで提供される主な美容・健康系グッズとは、肩こりや腰痛を解消、歯磨き、フィットネス用のグッズなどです。これらの商品は、かなり売れ筋商品となっています。ただし美容・健康系グッズは悩みに訴求しやすい反面、薬機法・景品表示法による広告規制が絡んでくるので注意してください（P287〜）。

❺定番商品の機能強化/追加商品

　類似商品の機能を強化したり、今までにない機能を追加したりした商品です。これも、クラウドファンディングでは狙い目で初心者には取り組みやすい商品です。次世代モデル商品がいい例です。もし、リサーチして売れた商品を見つけたら、「機能を強化（もしくは追加）した新商品を作れませんか？」という提案をしながら交渉を進めます。そのため、機能強化/追加商品のパターンをある程度つかんでおくようにしてください。

❶ 機能追加

　既製品に新たな機能を追加した商品です。例えば「マスクに美容効果をプラス」「ゲームしながら頭も良くなる」といったものです。

❷ 性能強化

　これまでの性能を向上させ、さらにパワーアップさせた商品です。効果が2倍になったり、軽量化したり、コンパクトになったりした商品のことです。次世代モデルではもっとも多いパターンですが、消費者のニーズ以上の機能にしても売上は伸びないので注意してください。

❸ 用途変更

　既存商品のターゲットや用途を変えた商品です。例えば農業用で使われている商品を園芸用に改良するようなパターンです。

三ツ星ミシュランのシェフが使っていた調理器具を一般家庭用にアレンジしたり、一流アスリートが利用したトレーニングマシンをダイエット用に改良したり……このようなプロ用→アマ用に変更した商品もよく見られます。

❹ 素材変更

伝統品を最新素材で作り替えて一般的に使えるようにしたり、チタンなど流行素材を使ったりしたような商品です。過去にはエコバッグの素材を使って別のおしゃれな商品を作った事例もありました。素材についてはトレンドも絡んでくるので、旬のキーワードも意識するようにしてください。

❺ ファッション性アップ

機能ではなくおしゃれになった、かわいい、かっこよくなったなど、ファッション性を強化したものです。ファッション性の高いエコバッグや調理器具、おしゃれに改良した伝統工芸品……。クラウドファンディングでは、あまりおしゃれなイメージのないモノをおしゃれに改良した例が結構あります。

■ ❻伝統工芸品を一般的に使えるようにした商品

雪駄、足袋、浴衣、熊野筆などの日本の伝統工芸品は、クラウドファンディングとは相性のいいジャンルです。「❺定番商品の機能強化/追加商品」に繋がるところではあるのですが、このような伝統工芸品を一般的に使えるようにアレンジした商品も狙い目です。例えば浴衣ルームウエア、室内で履ける雪駄のような商品です。

雪駄のプロジェクト例

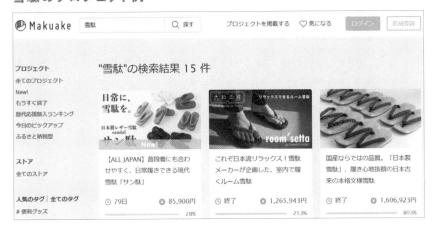

　また、モノづくりで有名な新潟県の燕三条や岐阜県の関のような、職人技が有名な地域で作られた商品もクラウドファンディングでは相性がいいです。

■ ❼トレンドや旬のキーワードが入った商品（流行の素材など）

流行のメテオライトを使った国産の腕時計

宇宙が創りだした隕石模様と50年の国産技術が醸す「メテオライト×日本製腕時計」

流行の素材など、トレンドや旬のキーワードが入った商品です。「NASA」「新素材」「チタン」「レーザー（レーザー彫刻など）」などがその代表的なところです。モノづくりの町として有名な「燕三条」（新潟県燕市、三条市）など、30〜40代のモノ好きの男性がブランドを感じるキーワードもあります。例えば既製品に流行りの素材を使った商品を開発してみるという方法も、クラウドファンディングでは多くとられています。

■ ❽地域や作者の想いがある商品

支援者が共感し、応援したくなるような作り手の想いが込められた商品は、ニッチで商品力が高く、比較的売れやすいです。具体的にはビジョン・ミッション、理念が伝わるような商品のことです。ただ、なかには想いが先行して需要がない商品になっていることもあるので注意してください。

■ ❾ ❶〜❽を組み合わせた商品

❶〜❽単体でも商品が売れることがありますが、できれば2つ以上組み合わせると、類似商品との差別化ができ、魅力ある商品ができあがります。**このように、複数の機能を繋ぎ合わせて別の新たな機能・価値を持った新商品・サービスを作り出すことをマッシュアップと言います。** メーカーと一緒に新商品を開発する際には、とても重要な考え方になります。❶〜❽の付加価値を複数付けることで、需要があってライバルのいない商品を販売していきましょう。

【初心者向けリサーチ】まずはMakuakeや GREEN FUNDINGをリサーチしよう

■ クラウドファンディングの主なリサーチ方法

クラウドファンディングの商品リサーチは、主に次のようなリサーチ方法があります。

クラウドファンディングの商品リサーチ方法

展示会/見本市	実際に展示会に行ってメーカー起業を探す方法
国内クラファンサイト	MakuakeやGREEN FUNDINGなどでモデリングもしくは次世代モデルが作れそうな商品を探す
海外クラファンサイト(P115〜)	●KickstarterやIndiegogoなどアメリカの有名海外クラファンサイトでモデリングする商品を探す ●韓国のWadiz、台湾のzeczec(嘖嘖)などもリサーチする(日本語で可能)
Amazonリサーチ(P131〜)	●クラファンで見つけたメーカーがAmazon販売している商品をチェックする ●一般販売を見据えてAmazonでも類似商品のニーズがあるか調べる ●Amazonで売れないけどクラファンでは売れる商品を探す ●メーカー直取引とクラファン両方アプローチできるメーカーを探す
新商品情報発信サイト(P132〜)	RAKUNEW、Bouncy、lifehacker、Engadget(海外版)、GIZMODO JAPANなど
テレビや雑誌のリサーチ(P134〜)	●日経トレンディ、monoマガジンなどの雑誌 ●ワールドビジネスサテライト、カンブリア宮殿、ガイアの夜明けなどのテレビ番組
現地調査(P136〜)	展示会、アンテナショップ、道の駅
商工会議所・業界団体(P136〜)	加盟しているメーカーにアプローチする
取引先メーカーに打診(P136〜)	Amazon販売の取引先に新商品がないか確認する

このなかで、国内メーカークラファンが初めての方が取り組みやすいのは、国内クラファンサイトリサーチ、もしくは既存の取引先メーカーに打診する方法です。後者はメーカー直取引やOEM販売などで関係構築ができたメーカーがあれば試してほしいですが、交渉の話になるので、詳しくはChapter3でお伝えします。

ここではMakuakeやGREEN FUNDINGを中心に、国内クラファンサイトのリサーチ方法をお伝えします。なお、海外クラファンサイトやAmazonや楽天のリサーチをする場合でも需要を確認するために、国内クラファンサイトの確認は必須です。そのため、どのリサーチ方法を取っても国内クラファンサイトでのリサーチは基本になります。

■ 商品リサーチに利用するクラファンサイト

商品リサーチする国内クラファンサイトとしては、基本的にはChapter1でお伝えしたようにMakuake、GREEN FUNDING、CAMPFIRE、machi-yaで十分です。おかわりクラファンを含めて、実際にプロジェクトを立ち上げる際は、4つのクラファンサイトのなかからいずれかを選ぶのが定石であるためです。ただ、他のクラファンサイトをリサーチしてはダメだというわけではなく、余裕があれば他のクラファンサイトを見てもいいでしょう。例えばGREEN FUNDINGと提携していて、今後伸びる可能性があるkibidangoも、リサーチ対象としてはいいでしょう。

kibidango（https://kibidango.com/）

■ 実際に商品リサーチしてみよう❶
歴代応援購入ランキングから検索

　Makuakeの歴代応援購入ランキングから、総支援額100～300万円程度のプロジェクトを探す方法です。

　後述するキーワード検索も重要ですが、まずはどんな商品が売れているのかを確認する際におすすめの方法です。特に初めてクラウドファンディングに取り組むのであれば、最初はランキングで売れ筋商品の傾向をつかむようにしてみてください。

Makuakeの歴代応援購入ランキングを使った検索方法

なお、GREEN FUNDINGでも「支援総額が多いプロジェクト」とい
う同様のランキング機能があり、以下の手順のように検索します。

GREEN FUNDINGの支援総額が多いプロジェクトを使った検索方法

「プロジェクトをさがす」をクリック

↓

「支援総額が多いプロジェクト」をクリック

↓

歴代で支援金額が高いプロジェクト順で
掲載。上位は億単位の支援金額

「https://www.greenfunding.jp/portals/search?condition=amount&page=ページ数」
URLの末尾にページ数を記入すると、効率よく探したい支援金額の商品が見つかる

■ 実際に商品リサーチしてみよう❷　キーワード検索

　実際にキーワード検索しながら商品リサーチをします。P69〜の商品選定基準と照らし合わせながら売れそうな商品をリサーチしてみてください。なお、クラファンサイトの検索機能は、GoogleやAmazonの検索に比べると劣るところがあり、検索結果を網羅できない場合があります。例えば実際に検索してみるとわかりますが、GoogleやAmazonと違って表記ゆれ（同じ意味の違う言葉など）を抽出できなかったりする場合があります。

　そのため、似たような言葉でも、少しだけ言葉を変えて検索してみるようにしてください。そうすることで、ライバルが見つけられない良い商品が見つかることもあります。例えば「包丁」⇒「ナイフ」、「キャンプ」⇒「グランピング」、「カメラ」⇒「写真」、「バッグ」⇒「かばん」などです。

　また、ひとつのキーワードをきっかけに、クラファンサイトやAmazonの商品タイトルなどを参考に、拡張的にさまざまなキーワードで検索してみてください。Googleで「○○○　別名」で検索して同じ意味の違う言葉を探してみてもいいでしょう。

　例えば、「糸ようじ」をリサーチしてみるとします。しかし、糸ようじは小林製薬の商標なので、一般的には使用できない商品名です。そのため、「デンタルフロス」などの一般的な名称を付けないといけません。

また、「似たような商品であれば歯間ブラシがあるので、歯間ブラシで検索してみよう。糸ようじの手に持つ部分だけの商品は作れないかな？　詰め替え用の糸だけで売れないかな？　逆にオーラルケアグッズなどセット組で売れないかな？　糸ようじを使う消費者はどんな悩みがあるかな？　どんなことに不便を感じているかな？」というように、どんどん拡張してキーワード検索していくようにしてください。

糸ようじに関するキーワード検索

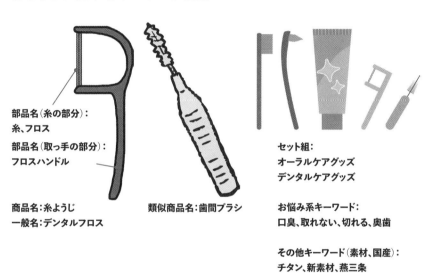

部品名（糸の部分）:
糸、フロス

部品名（取っ手の部分）:
フロスハンドル

商品名:糸ようじ
一般名:デンタルフロス

類似商品名:歯間ブラシ

セット組:
オーラルケアグッズ
デンタルケアグッズ

お悩み系キーワード:
口臭、取れない、切れる、奥歯

その他キーワード（素材、国産）:
チタン、新素材、燕三条

　これらを踏まえてキーワード検索していくと、魅力的な商品を取りこぼしなくリサーチできるようになります。商品リサーチは検索力が重要になるので、本書で紹介する方法で様々な用語で検索するようにしてください。
　なお、キュレーターから商品リサーチの段階でアイディアをもらうことが可能な場合もあります。キュレーターのサポートは基本的にはプロジェクト期間中だけですが、プロジェクトを繰り返すと固定のキュレーターが付くこともあります。そうすると、プロジェクト開始前からキュレーターが付いている状態になり相談しやすくなります。メーカーとの関係構築も重要ですが、キュレーターとの関係構築も心がけるようにしましょう。

Makuakeの検索窓

GREEN FUNDINGの検索窓

❶ 商品カテゴリー/商品名検索

クラウドファンディングで狙う商品カテゴリーや一般的な商品名で検索してみます。できれば自分自身が興味のあるカテゴリーで検索するといいでしょう。例えば「キャンプ」「アウトドア」「キッチン」「自転車」「バッグ」「リュック」「日本酒」「ドローン」「家電」「カメラ」「オーディオ」「めがね」「フィットネス」などです。好きなカテゴリーを検索窓に打ち込んでみてください。

❷ お悩み系のキーワードで検索

クラファンの支援者はカテゴリーだけでなく、Google検索のようにお悩み系のキーワードで検索する場合もあります。人は悩みを解決できる

商品や、欲求を叶えてくれる商品、既存の商品で不便だったことを解消できる商品を探しています。例えば、美容・健康系の悩みであれば次のようなキーワードが思い浮かびます。

> ダイエット、痩せたい、痩せない、肩こり、姿勢矯正、姿勢、筋肉、睡眠、集中力、疲労、栄養、口臭、加齢臭、ストレス、毛穴、頭皮、長時間（のデスクワーク）……etc

　他に、財布であれば「収納はしっかりできたほうがいいけどかさばるのは嫌だ。なくすのも不安」という悩みを解消できるキーワードを打ち込んでみます。

> かさばらない、小型、極小、極薄、軽量、コンパクト、小銭、なくさない、紛失防止……etc

　最初は、このようなお悩み系のキーワードが浮かんでこないかもしれません。その場合は「ターゲット消費者深掘りシート」を活用して、消費者がどんな悩みや不安を持っているか把握すると浮かんできます。さらに、Amazonで類似商品を検索した際に、商品タイトルも参考にしましょう。拙著『Amazon国内OEM完全ガイド』でも紹介している通り、Amazonの商品タイトルはキーワードを適度に散りばめているためです。

❸ 「国産」「日本製」地名、伝統品名などで検索

　「国産」「日本製」などで検索して、国内メーカーの商品を探す方法です。上記のカテゴリー検索の場合は、海外メーカー製品も含むので、国産品だけを探すときに検索してみるといいでしょう。
　また、以下のように日本の伝統品や、地名などで検索してみたりしてください。クラファンサイトは日本の産業振興を目的としているところがあるので、このようなキーワードでも面白い商品がリサーチできます。

国産品のキーワード例

	キーワード例
日本製であることがわかるキーワード	国産、日本製、和風、日本文化
伝統工芸品	下駄、雪駄、浴衣、ふんどし、熊野筆
産業が有名な地名	燕三条、関
廃藩置県時代の地名	信州、出雲、肥後、越後、南部、近江
自分の出身や住んでいる地名	−
現地調査（P136〜）	展示会、アンテナショップ、道の駅
商工会議所・業界団体（P136〜）	加盟しているメーカーにアプローチする
取引先メーカーに打診（P136〜）	Amazon販売の取引先に新商品がないか確認する

❹ 流行の素材やトレンドのキーワードなどで検索

「NASA」「新素材」「チタン」「レーザー」などの流行の素材や、トレンドのキーワードを入れて検索する方法です。素材やトレンドの用語で検索すると、さまざまなジャンルの商品が検索結果として出てきます。

❺ 商標に注意

　先ほど例に挙げた糸ようじもそうですが、一般的な商品カテゴリー/商品名と思っていたら、実は商標登録されているといったことがあります。もちろん、商標登録されていれば商品名に使うことはできませんから、検索しても出てきません。例えば、有名な商標名としては次のようなものがあります。検索しても出てこないような場合は、別名でも検索してみましょう。

一般的な商品カテゴリー/商品名と混同しやすい商標

メーカー	商標名	別名
ソニー	ウォークマン	ポータブルオーディオプレーヤー
旭化成	サランラップ	家庭用ラップ
ジョンソン・エンド・ジョンソン	バンドエイド	絆創膏
山佐時計計器	万歩計	歩数計
ニチバン	セロテープ	粘着テープ
タミヤ	ミニ四駆	動力付き自動車模型

⑥ 2つ以上のキーワードで検索

　これまでは、1つのキーワードで検索してきましたが、場合によっては2つ以上の複合キーワードで検索するのもありです。例えば「財布」「自転車」などの1つの商品カテゴリー/商品名でも、ターゲットや需要が細分化されています。その場合は、複数の商品カテゴリー/商品名を入力したり、❷でお伝えしたお悩み系のキーワードも含めたりしてみましょう。例えば「財布 薄型」「アウトドア バッグ」などです。

　このような複合キーワードは、実際にGoogleやAmazonなどで検索して探してみるのも1つの方法です。下図のように、GoogleやAmazonには、検索窓で文字を入力すると、人によく検索される複合キーワードが下に表示されるサジェスト機能があります。GoogleやAmazonで表示されるキーワードも参考に、様々な複合キーワードを打ち込んでみてください。

Googleのサジェスト機能

Amazonのサジェスト機能

　ラッコキーワードなど、サジェスト機能で表示されるキーワードを抽出できるツールもあります。このようなツールを活用することで、どのようなキーワードで検索されているか参考にすることができます。

ラッコキーワード（https://related-keywords.com/）

■【特典】リサーチシートを活用して効率よくリサーチを進めよう

国内メーカークラファンリサーチシート

リサーチプラットフォーム	検索手順	プロジェクト名	製品ページURL	メーカー名	メーカーURL	search、OEM販売、IoT取扱、新製品	連絡先	達成額	終了/総/月経過 実施年	その他		達成オファー(B.FB)	o通目以降
Makuake	「キャンプグッズ」と検索	新興60年工具メーカー	https://makuake...	「金日五十嵐プライ	https://jp-bit...	Amazonに出品済だが現在、約数	info@jpc-tool.co.jp	230,140円	実施年	ダミーデータ			

　リサーチする際は、リサーチしたものをまとめておくようにしてください。下記のQRコードからダウンロードできる国内メーカークラファンリサーチシートを活用することで、効率よくリサーチを進めることができます。このリサーチシートには、以下のことを記入していきましょう。

❶ リサーチプラットフォーム

　国内外問わず、どのプラットフォームで見つけたプロジェクトかを記入します（例：Makuake、GREEN FUNDING、CAMPFIRE、Kickstarter、Indiegogo）。

❷ 検索手順

　どのように検索して見つけたかを記入します。

> 例1：「キャンプ」と検索して見つけた
> 例2：歴代応援購入ランキングから探して見つけた

例3:他製品からの派生リサーチ

❸ プロジェクト名

プロジェクト名をコピペして記入します。

Makuakeのプロジェクト名

プロジェクト名（Makukake）

GREEN FUNDINGのプロジェクト名

プロジェクト名
（GREEN FUNDING）

❹ 商品ページURL

商品ページURLをコピペします。

❺ メーカー名

　リサーチして見つけた商品を作っているメーカーを記入します。ただ、実行者（起案者）がメーカーの場合と私達代理店のケースが両方あるので、商品ページ全体を見て生産メーカーを確認してください。

　以下は、実行者が代理店の場合の例ですが、商品ページを確認すると生産メーカーの紹介があります。ほとんどの商品ページは生産メーカーの記載があります。以下の場合は、実行者ではなく南安精工社というメーカーが生産メーカーとなります。

生産メーカーの探し方

■創業50年の老舗メーカー

シェアで応援
541
f シェア
ツイート
応援購入

DEEP SPACEの製造は
東洋のスイスと呼ばれる諏訪地域で
創業50年以上の老舗時計メーカー
南安精工社がおこないます。

商品ページを見ると生産メーカーの紹介がある

　このように、実行者とメーカーが違っても、大半はメーカーが探せるようになっているのでご安心ください。なお、メーカー＝実行者であった場合は、他のクラファン実績があるかどうかも確認しましょう。クラファンに理解のあるメーカーである可能性が高いです。

Makuakeでの実行者のプロジェクト一覧の調べ方

応援購入総額
2,230,000円
目標金額 500,000円

サポーター　**147人**
残り　**36日**

実行者名をクリックする

「実施プロジェクト一覧へ」をクリック

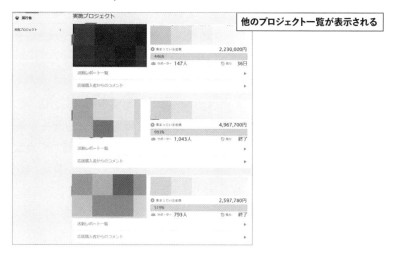

他のプロジェクト一覧が表示される

　Makuakeの場合は、上記のように実行者の他のプロジェクトを簡単に探すことができます。このようにいずれも多くの支援を得られている場合は、派生的に商品リサーチしてみてください。

　また、複数プロジェクトの経験がありながら、直近1年程度は立ち上げたプロジェクトがない場合もあります。この場合は「担当者が辞めた」「コロナ禍で新商品を作れない」などの事情があるのかもしれません。メーカー交渉時に事情を聞いてみて、「私の方でクラウドファンディングをサポートします」とアプローチすると、スムーズに取引できることがあります。

なお、GREEN FUNDINGの場合は、Makuakeのように他のプロジェクトを探す機能がないので、Googleで「GREEN FUNDING メーカー名」で検索してみてください。

❻ メーカーURL

メーカーのホームページのURLを記入します。メーカーのホームページのお問い合わせフォームからクラウドファンディングの交渉メールを送ります（P177〜）。

❼ Amazon販売、OEM販売、新商品

メーカーがどんな販路で商品を販売しているかをチェックします。クラファンで出品した商品だけでなく、他の商品もチェックして気付いたことを記入します。

一般販売を見据えた戦略をするか、クラファンで終わらせるかどうかを判断する際の参考になります。また、Amazonリサーチの結果、「他の商品も提案できるのではないか？」と交渉の材料になることがあります。場合によってはクラファンではなく、既製品のメーカー直取引に繋がる場合もあるでしょう（メーカー直取引は拙著『Amazon国内メーカー直取引完全ガイド』をご覧ください）。このように、さまざまな可能性が出てくることがあるので、幅広くリサーチするようにしましょう。

❽ 連絡先

メールアドレス、電話番号などコンタクトが取れる連絡先を記入します。ホームページのお問い合わせフォームしかわからない場合は空欄でも構いません。

❾ 達成額

達成した支援金額を記入します。

⑩ 終了何か月経過

　プロジェクトが終了してどれくらい経っているか、もしくは終了日を記入します。基本的には1年以上前に終了したプロジェクトを狙いましょう。なお、プロジェクト終了日の探し方は、Makuake と GREEN FUNDING では以下の通りです。

Makuakeのプロジェクト終了日

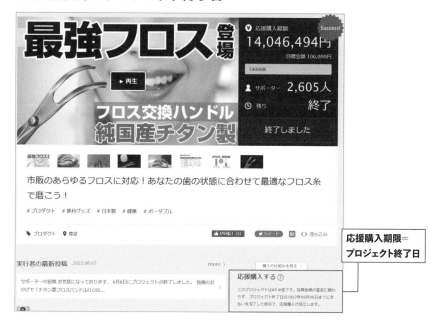

GREEN FUNDINGのプロジェクト終了日

⓫ その他

　その他特記事項で気付いたことがあれば記入します。以下のようにP69
～の選定基準をもとに気付いたことを記入しましょう。

例1:他のクラファン実績があるメーカーである
例2:CAMPFIREにはないのでおかわりクラファンができるかも
例3:実行者はメーカー自身である
例4:Makuakeストアを開設している

⓬ 1通目オファー（日付）※Chapter3で解説

　メーカーに初めて交渉メールを送った日付を記入します。

⓭ 2通目以降 ※Chapter3で解説

　2通目以降の交渉メールを送った日付を記入します。

05 【中上級者向けリサーチ】海外の クラファンサイトもリサーチしてみよう

■ 海外クラファンサイトをリサーチする理由

　ある程度クラウドファンディングの経験を積んできたら、Kickstarterや Indiegogoなど海外のクラファンサイトもリサーチしてみましょう。海外ク ラファンサイトをリサーチする理由としては次の通りで、**商品をリサーチ するのではなく、アイディアを探すことが目的です。**

❶ 日本にはないアイディア・発想がある

　海外メーカーの商品は、日本にはないアイディアや発想に満ちた商品が 多い傾向があります。国内メーカーは技術的なクオリティは高いですが、 海外メーカーより保守的な傾向があり、斬新なアイディアが生まれにくい ところがあります。

　そこで、海外メーカーが持っているアイディアと国内メーカーの持つ技 術力を合わせた商品を作れば、競合のいない魅力的な商品を作ることがで きるのです。

❷ 日本の規格に合わせた商品を作ることができる

　海外メーカーの商品をそのまま売ろうとしても、規格が合わず、日本で は使用できないことがあります。輸入規制・禁止のハードルもあります。 そのため、規格が合わなかったり規制突破のハードルが高かったりする商 品は、国内でモデリングして生産するという手があります。

　メーカー交渉の方法は、国内メーカー商品の場合と同じで、「この商品 に近い商品を作れませんか？」とアプローチするだけです。

海外メーカーのリサーチというと、「だったら、直接海外メーカーと交渉したほうがいいのでは？」と思う方もいるかもしれません。

たしかに規格や輸入規制のハードルがない商品であれば、それもいいでしょう。しかし、海外メーカークラファンは競合が多く、早い者勝ちになってしまう傾向があります。特にKickstarterやIndiegogoはその傾向があり、見つけたメーカーに断られることは日常茶飯事です。

ただ、断られても、諦める必要はありません。次にモデリングした商品を作れる国内メーカーに打診すればいいのです。このように、海外メーカークラファンに加えて、国内メーカークラファンのスキルを持っておくと、様々な可能性があるのです。

■「海外で売れた商品＝日本で売れる商品」ではないことに注意

海外クラファンサイトでリサーチしているときに気を付けたいことは、「海外で売れた商品＝日本で売れる商品」ではないことです。外国人で売れるポイントと日本人に売れるポイントには違いがあるためです。

そのため、海外クラファンサイトで「これは面白い！」と感じてもMakuakeやGREEN FUNDINGで類似商品の有無は確認するようにしましょう。 一応、Amazonや楽天も調べたほうがいいです。Amazonで既存品のメーカー直取引かOEM販売が向いているかもしれないためです。

特に海外の場合、国内よりもプロダクトアウトな製品が売れる傾向があります。いくら海外で売れていても、国内で実需が見込めない商品は避けたほうがいいでしょう。

■ リサーチ対象の海外クラファンサイト

　リサーチ対象とする海外クラファンサイトは、まずは世界的最大規模の Kickstarter や Indiegogo を基本とします。

Kickstarter（https://www.kickstarter.com/）

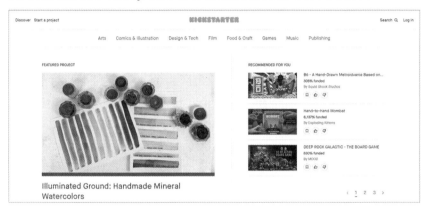

Indiegogo（https://www.indiegogo.com/）

海外メーカークラファンを経験したことのある方であれば、おなじみの
クラファンサイトです。**Kickstarter や Indiegogo がおすすめの理由は、**
世界中の人が利用する世界最大規模のクラファンサイトなので、商品が豊
富にあるからです。今までの日本市場にはないバラエティ豊かな商品がた
くさんあります。

　ただ、Kickstarter や Indiegogo は日本人の物販プレイヤーはもちろん、
世界中がチェックしているクラファンサイトでライバルの母数も大きいです。
そこで、アイディアをさらに広げていきたい方は、韓国の Wadiz や台湾の
zeczec（嘖嘖）もリサーチしましょう。

　Wadiz も zeczec も日本では Makuake と同じくらいの規模のクラファンサ
イトです。**Kickstarter や Indiegogo に比べればチェックしている日本**
人が少ないので、今まで思いつかなかったような商品に出会えることもあ
るでしょう。

　キーワード検索については、国内クラファンサイトのリサーチと同じよ
うな考え方で検索していくようにしましょう。例えば商品カテゴリー / 商品
名、お悩みのキーワード、素材などです。Google 翻訳などを使って外国
語に変換したキーワードを打ち込めば大丈夫です。ただ、ここではあくま
でアイディアを探すことが目的なので、ランキングや支援金額から探すよ
りは、最新のプロジェクトからリサーチするといいでしょう。

Wadiz(https://www.wadiz.kr/web/main)

zeczec(嘖嘖)(https://www.zeczec.com/)

■「英語不要!」海外サイトを日本語表示する方法

　なお、海外メーカーのホームページは当然ながら外国語表記ですか
ら、外国語が苦手な人はGoogle Chromeで日本語表示しておくと良
いでしょう。

　不自然な日本語もありますが、だいたいの意味は通じるので問題あり
ません。PCとスマホ両方で日本語表示は可能ですが、ここではPCの日
本語表記する手順を示します。

海外サイトの日本語表示方法

このアイコンをクリック

↓

「設定」をクリック

↓

「言語」を選択

↓

「母国語以外のページで
翻訳ツールを表示する」を
オンにする

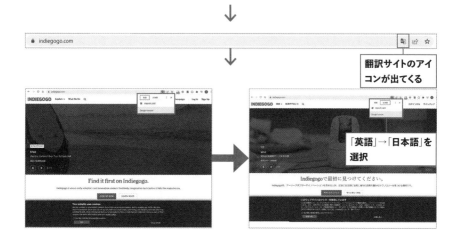

■ 海外クラファンサイトをリサーチしてみよう

それでは、早速海外クラファンサイトをリサーチしてみましょう。

❶ Kickstarter

Kickstarterに関しては、上記のようにGoogle Chromeで日本語の表示設定をするだけでなく、クラファンサイト内で日本語設定をすることができます。

Kickstarterの日本語設定方法

Kickstarterのサイトの一番右下までスクロールして、上の画面で「日本語」を選択するだけで設定できます。しかし、以下をご覧になってもわかるように、この方法では日本語表示されるのはごく一部です。

Kickstarterのトップページ（英語設定の場合）

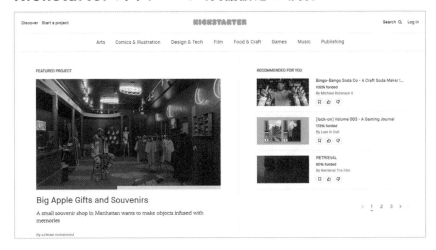

Kickstarterのトップページ（日本語設定の場合）

　商品ページについても、この日本語表示方法ではテキストが英語表記のままです。そのため、商品ページの中身も確認する場合はGoogle Chromeで日本語設定するといいでしょう。そこで本書では、Google Chromeで日本語設定した前提で解説します。Kickstarterの商品検索は次の通りです。

Kickstarterの商品検索方法

「検索（Search）」をクリック

Kickstarterの商品検索方法

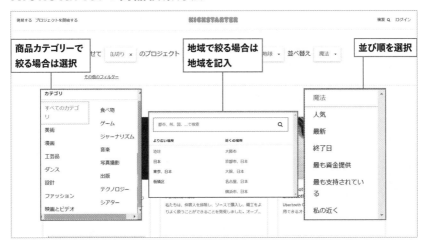

　なお、Kickstarterは、支援金額の表示の通貨設定ができます。先ほどの日本語設定のように、Kickstarterのサイトの一番右下までスクロールすると、言語設定の横に通貨設定ができるようになっています。

　ただ、デフォルトでは日本円（JPY）の設定になっています。このままにしておけば各プロジェクトの商品ページの支援金が日本円で表示されます。

Kickstarterの通貨表示設定

❷ Indiegogo

Indiegogoの商品検索方法は次の通りです。

Indiegogoの検索方法

↓

なお、Indiegogo も通貨設定が可能です。以下のように画面を一番下までスクロールすると変更することができますが、デフォルトで日本円設定となっています。

Indiegogoの通貨設定

❸ Wadiz

　韓国の有名クラファンサイトのWadizの商品検索方法を下図で示します。Wadiz は韓国人向けに作られたサイトなので、表示通貨はウォンのみになります。支援金額を調べたい場合は日本円に換算してください（2023年5月現在1ウォン＝約0.11円）。言語については、Google 翻訳などで韓国語に変換してキーワードを打ち込んでください。

Wadizの商品検索方法

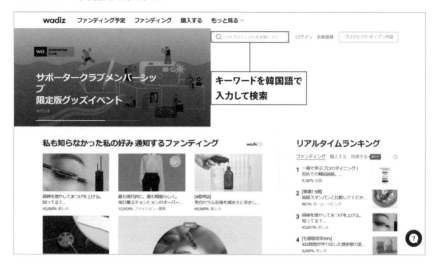

❹ zeczec（嘖嘖）

　最後に、台湾の有名クラファンサイトの zeczec の消費検索方法です。台湾で使われる中国語は、繁体字と呼ばれる画数の多い言語です。そのため、Google 翻訳などで翻訳する際は中国語（繁体）で変換してください。なお、zeczec の表示通貨は台湾ドルですが、米ドルとは為替レートが全然違うので注意してください（2023年5月現在1台湾ドル＝約4.59円）。

zeczec（嘖嘖）の商品検索方法

カテゴリーの絞り込み

キーワードを中国語（繁体）で入力

並び替え

すべて

音楽

写真撮影

出版

すべての計画

プロジェクト額

最終スプリント

最新のスタート

一般販売を見据えた
Amazonリサーチ

　クラファンプロジェクト終了後の展開としては、大きく分けて一般販売するか／しないかの2つの選択肢があります。お伝えしたように、クラウドファンディングの消費者層と一般販売の消費者層に違いがあるためです。

❶ 一般販売する

　出品した商品が一般販売でも売れる見込みがある場合は、プロジェクト終了後に一般販売を開始します。Amazonや楽天などECサイト、ShopifyやBASEなど自社ECサイト、Makuakeストアの開設、実店舗への卸販売など様々な選択肢があります（P362～）。場合によってはプロジェクト中に大手の代理店、小売店から「この商品を卸してもらえないか？」と提案され、実店舗での卸販売が実現することもあります。

❷ 一般販売しない

　クラファン後の一般販売を行わず、クラファンだけで完結させる場合もあります。一般販売との相性が悪そうな場合はもちろん、メーカーの事情で在庫がなくなったら終了というケースもあります。

　一般販売実施の最終的な判断はクラファン終了後に判断しますが（P356～）、リサーチ時点である程度あたりを付けておきます。そのため、P95～の通りクラファンで売れると思ったら、Amazonや楽天でも類似商品がないかリサーチしておきましょう。**もし、類似商品の数が多く、しかも売れている商品であれば一般販売でも売れる見込みがあります。**もし類似商品が見つからなければ、一般販売で売れる見込みは低いと考えられます。Amazonで詳細に売れ行きを確認したい場合は、Keepaやキーゾンなどのツールを使って調べてください。売れ筋商品の見つけ方や売れ行きの確認方法は、拙著『Amazon国内メーカー直取引完全ガイド』をご覧ください。

その他のリサーチ方法（雑誌、テレビ、展示会、アンテナショップなど）

　実需のある面白そうな新商品を探すことはリサーチでは非常に重要ですが、クラファンサイトに限った話ではありません。テレビや雑誌はもちろん、展示会やアンテナショップ、実店舗などでもヒントはたくさん転がっています。日頃から情報感度を高めて、アイディアをストックするようにしましょう。

■ 新商品情報発信サイトをリサーチする

　クラファンサイト以外で、クラウドファンディングに取り組む際にチェックしたいのが新商品情報発信サイトです。クラファンサイトと提携しているサイトもあり、どのような商品が注目されているのかリサーチすることができます。

　情報感度を高めつつ、商品リサーチやアイディアのヒントとなるので、日頃からチェックするようにしてください。

RAKUNEW（https://www.rakunew.com/）

Bouncy（https://moov.ooo/bouncy）

lifehacker（https://www.lifehacker.jp/）

Engadget（海外版）（https://www.engadget.com/）
※日本版は現在終了しています

GIZMODO JAPAN（https://www.gizmodo.jp/）

■ モノを扱った雑誌をチェックする

　流行の感度を高めるという点では、「monoマガジン」や「日経トレンディ」など、新商品の特集のある雑誌もおすすめです。特に「年末に売れた家電ランキング」など、モノに関する特集があれば手にしてみましょう。

　また本書で後述するように、クラファンはメディアに取り上げてもらう戦略を取る場合もあります。日頃から雑誌をチェックすることで、メディ

アに取り上げられやすい商品がどのような商品かも感覚的にわかってきます。

「monoマガジン」　「日経トレンディ」

■ テレビをチェックする

　ニュースやワイドショーなどの報道・情報番組も参考になります。特におすすめの番組がテレビ東京の「ワールドビジネスサテライト」「ガイアの夜明け」「カンブリア宮殿」です。想いを持って商品開発をするメーカーが特集されることもあれば、Makuakeなどクラファンサイトが特集されたこともあります。

　テレビで特集されたメーカーにアプローチするのは難しくても、流行の感度や発想力を高めるだけでも十分プラスになります。

■ SNSやガジェット好きのYouTuberをチェックする

　インスタやTikTokなどのSNSでは、おもしろそうな商品の情報を掲載していることが多いです。また、ガジェット好きなど、ある商品カテゴリーに関してマニアックな知識を持つYouTuberの配信も参考になります。

■ 自分の足で情報を取りに行く
～展示会、実店舗、アンテナショップなど～

　物販プレイヤーは、Amazonなどオンライン上のリサーチには慣れていますが、オフラインでリサーチする人は多くありません。以前は展示会などに足を運ぶ人もいましたが、コロナ禍以降は、オンラインで全作業を完結させる人がほとんどです。それだけに、オフラインには、オンラインだけで完結する人が見落とすチャンスが転がっています。

　展示会に足を運ぶのはもちろん、国内メーカークラファンならアンテナショップや道の駅をチェックするのもおすすめです。「これをオンライン上で売らないのはもったいない」という商品に出会うこともあります。リサーチ目的でアンテナショップや道の駅に行くと、日本の伝統工芸品などクラファンと相性のいい商品に出会えることがあります。

　また、買い物ついでにリアル店舗でリサーチするのもいいでしょう。「何か面白い商品が見つかればいいな」くらいの心構えで問題ありません。例えばワークマンやドン・キホーテなど、機能性の次世代ウェアやアイディア家電など、アイディアのヒントとなるような商品を多く置いています。

■ 商工会議所や業界団体

　実績を積んだ中上級者向けの方法になりますが、商工会議所や業界団体など、リアルな交流の場を活用する手もあります。

　商工会議所や業界団体に加盟している企業もリサーチ対象になり得るためです。加盟企業の名簿を見てリサーチしていくと、インターネットの検索ではあまり見つからない優良メーカーに出会えることがあります。

Chapter 3

【パターン別交渉例文付き】
国内メーカーと独占契約を
結ぶための
クラファン交渉術

クラファンで売れそうな商品を見つけたら、次はメーカーに本格的にアプローチしていきます。基本的には、メーカー直取引同様に、メールを送ることから交渉を開始します。本章ではメーカーから好印象を与えやすいホームページの作り方や、パターン別のメーカーとのメール交渉例文を公開します。海外メーカーとの交渉とはアプローチの方法が全然違うので、経験者の方もしっかりとご覧ください。

メーカーに見せるホームページは
どこまで作り込む?

■ メーカーに交渉する際に必要なもの

　メーカーと交渉する際に必要なものは、基本的には拙著『Amazon国内メーカー直取引完全ガイド』でお伝えした通り、以下のもので問題ありません。国内メーカー直取引を実践している方は、すでに準備済みだと思います。これから物販を始める方は、詳細については『Amazon国内メーカー直取引完全ガイド』をご覧ください。

●パソコン、プリンター、ネット回線などの作業環境
●クレジットカード
●専用
●メールアドレス(独自ドメイン)
●名刺
●固定電話
●FAX
●ホームページ、会社概要

■ ホームページは簡易でいいか?
　どこまで作り込むか?

　ホームページについては、「どこまで作り込めばいいのか?」という質問をよく受けます。結論から言えば、最初は会社概要がわかる程度の簡易なホームページで大丈夫ですが、簡易な状態から改善すればメーカーの返信率が上がるのも事実です。また、クラファン終了後の大手店舗との卸取引が成立しやすくなります。

❶ ホームページに高額な制作費はかけなくて大丈夫

　ただ、やたらと作り込めばいいかというとそんなことはありません。ポイントを押さえずに作り込んでも、無駄に制作費と手間がかかるだけです。

　ホームページを本格的に発注すると、制作費が50万〜100万円程度かかります。ただ、メーカーとの取引を目的としたホームページであればSEO対策も不要ですし、そこまで高額の制作費をかける必要はありません。

　あまりに見にくい、読みにくいデザインはNGですが、かっこよく仕上げる必要はなく、シンプルなデザインで十分反応率は担保できます。ホームページのボリュームもそんなに多くないので、外注費はWordPressであれば3〜5万円、高くても10万円以内で済みます。

❷ WordPressで作るか、WixやJimdoで作るか？

　WordPressで作るか、WixやJimdoなどの無料作成ツールで作るかについてもよく質問されますが、どちらでも大丈夫です。「企業に見てもらうのだからWordPressで作ろう」ということはなく、**最初はWixで作って、反応を見て改善するときにWordPressで作成するという流れで構いません。**ただ、ホームページは一度作ってしまえば長く使うことになるので、最初からWordPressで作成する人も多いです。

❸ ホームページの作り方はレベル別に3パターンある

　クラウドファンディングやメーカー直取引用のホームページ作成は、レベル別に3つのパターンがあります。

	概要	手間	反応率
レベル1	会社概要を中心とした簡易なホームページ。ただし自分が何者であるかを示すため、顔写真や自分が写っている写真は必須	△	△
レベル2	考え方や想い、実績が伝わるように文章をブラッシュアップする	○	○
レベル3	取引するメリットを伝え、積極的に付き合いたいと思ってもらえるように作り込む	◎	◎

おすすめの方法としては、次の2通りがあります。

❶レベル1で簡易に作ってからメーカーと交渉して、メーカーの反応を
　見ながら改善する
❷最初からレベル2程度まで作ってからメーカーと交渉する

　ホームページはポイントを押さえて作り込めば、確実にメーカーの反応
が変わります。**本書の通りにホームページを作ったSさんは、なんと初回
メールの反応率が40%➡70%に上がりました**（メーカー直取引とクラウ
ドファンディングを合わせた数字）。

　**ホームページは1回作ってしまえば、あとは一生勝手に宣伝してくれる
資産になります。**そのため最初からある程度作り込むのもいいのですが、
手間がかかります。ホームページ作成に時間をかけすぎて前に進めない
のは本末転倒です。**そのため、最初は簡易なβ版を作り、反応を見ながら
改善していくのもいいでしょう。**このことから、本書ではレベル別でホー
ムページの作り方をお伝えします。

■ 重要なことは「あなたは何者か?」がわかる
　ホームページとすること

パレートの法則～重要な2割に集中して8割の成果を出す

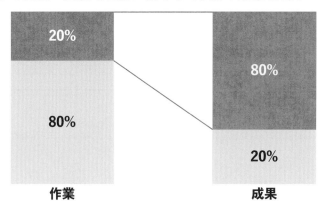

先にお伝えした通り、ホームページ作成では、最初から高額な制作費と手間をかけてホームページを作り込む必要はありません。**2割の作業が8割の成果を生み出す「パレートの法則」**というものがあります。「80：20の法則」とも言われており、知っている方も多いと思います。ホームページを作成するうえでもパレートの法則を意識して、優先順位の高いところから取り組むようにしましょう。

　メーカーで見せるホームページ作成で、重要な2割とは、メーカーに「自分が何者か」が伝わるホームページを作ることです。それ以外のことにこだわる必要はありません。メーカー担当者は初めての人に対して「自社商品をどこまで売ってくれるか？」という期待よりも「騙されていないか？」と疑心暗鬼になっている傾向にあります。以下のベビーシッターのホームページを例にすると、あなたはどこに自分の子どもを預けたいですか？

❶イラストだけのホームページ

❷実在のベビーシッターではなくイメージ画像だけのホームページ

❸実在のベビーシッターの写真があるホームページ

　おそらく大半の方は❸の実在のベビーシッターが写っている写真を選ぶでしょう。実在のベビーシッターの写真があることで、「この人なら預けて大丈夫かな？」と安心感を得られるためです。同じようなことをメーカーも考えていて、何者かわからないホームページは不安を覚えます。そのため、「あなたが何者であるか？」を写真と文章で表現する必要があるのです（例えば、誰が書いたか顔も見えない人のノウハウを信用できるでしょうか？多くの物販関連の本は著者の顔出しがありませんが、本書では誰が書いているのか示すために、表紙には著者2名の顔写真を掲載しています。実在の人物を見せることで「この人がきちんと書いてくれているんだ」と思ってもらえるようにしているわけです）。

　次ページ以降に具体的にレベル別にホームページの作り方をお伝えしますが、最低限、自分の写真を使うだけでも十分反応は上がります。メーカーに興味を持ってもらえば、ホームページの役割としては十分です。パレートの法則を意識して、次頁以降を読み進めてください。

【レベル別】メーカーに見せる
ホームページの作り方

■ 【レベル1】顔写真を入れた会社概要で
「自分が何者か」を示す

最低限ホームページに入れておくべき事項は、『Amazon国内メーカー直取引完全ガイド』でお伝えしたとおり、以下の事項です。

ホームページの必須掲載事項（※は後述）

	個人事業主	法人
会社名	屋号	会社名
代表者名	ご自身のお名前	ご自身のお名前
所在地	開業届を出している住所	法人設立時の提出した住所
電話番号	固定電話＋携帯番号の記載を推奨	固定電話＋携帯番号の記載を推奨
FAX番号	FAXがあれば記載	FAXがあれば記載
メールアドレス	独自ドメイン推奨	独自ドメイン推奨
設立年月日	開業届を出した日付	法人設立の日付
資本金	「なし」と記載	設立時の資本金
売上	年商〇〇〇〇万円、月商〇〇〇万円等。初めての場合は記載不要	年商〇〇〇〇万円、月商〇〇〇〇万円等事業全体の売上を記入
事業内容（※）	初めての場合は記入不要。ただし未来の展望は書く	これまでの実績や事業内容、未来の展望を書く
沿革（※）	個人事業主として開始したときから今に至るまで記載。初めての場合は記載不要	個人事業主として開始したときから今に至るまで記載

代表挨拶（※）	顔写真を掲載し、プロフィールや理念、取引したい気持ちを掲載	顔写真を掲載し、プロフィールや理念、取引したい気持ちを掲載
資格	メーカーにアピールできれば記載	メーカーにアピールできれば記載

　あなたが誰かを知りたいメーカーは、同じメールを送っても会社概要の有無で反応率が大きく変わります。上記の（※）の部分は後述しますが、ホームページの作成に時間をかけない場合や副業で出せる情報が限られる場合は簡単に記載することで構いません。

　ホームページの構成については、最初のうちは上記のことを1ページでまとめることで問題ありません。トップページから下層ページに移る際にはどうしてもある程度離脱が発生します。**そのため、ボリュームが大きくないうちは1ページだけで構成してしまいましょう。**レベル2、レベル3と徐々に作り込んでいき、ボリュームが増えてきたら下層ページを作るくらいで十分です。

　ホームページで、メーカーに興味を持ってもらう重要なポイントは大きく分けて写真と文章があります。文章は書くことに慣れていないと大変なところがありますが、写真はそこまで手間ではありません。自分で撮影するのが難しければ、安価に外注できます（凝って高額の写真を外注する必要はありません）。写真を変えるだけでも、メーカーの印象と反応は大きく変わるので、ぜひ試してみてください。

❶ トップページや代表挨拶で顔写真は必須

　代表挨拶などで使う顔写真は必須です。顔写真がなければ、メーカー担当者は取引したい気持ちより騙されたくないという不安が上回ってしまいます。また、上図のようにフリー素材の別人の写真で済ませたり、顔が見えなかったりする写真もNGです。

代表挨拶の顔写真OK/NG例

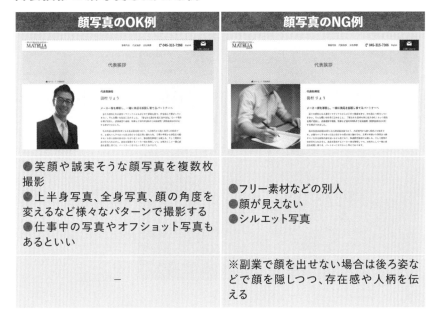

顔写真のOK例	顔写真のNG例
●笑顔や誠実そうな顔写真を複数枚撮影 ●上半身写真、全身写真、顔の角度を変えるなど様々なパターンで撮影する ●仕事中の写真やオフショット写真もあるといい	●フリー素材などの別人 ●顔が見えない ●シルエット写真
—	※副業で顔を出せない場合は後ろ姿などで顔を隠しつつ、存在感や人柄を伝える

　必ず自分の顔写真を撮影するようにしてください。笑顔だったり誠実そうな顔だったり、角度を変えてみたり、全身の写真を撮影してみたり、さまざまなパターンを撮影してください。その他、仕事中の写真（商談時など）や、オフショット写真など人柄の伝わる写真も撮影しておきましょう。そして、自分の姿が写った写真は優先順位が高いので、代表挨拶はもちろん、なるべくトップページの最初の方に掲載するようにしてください。

　副業の方で、顔写真を出したくない方は、以下のように後ろ姿など顔が見えないように写真を撮り、自然と存在感や人柄が伝わるようにするのがおすすめです。顔が見えなくても、自分が写っていることが重要です。

顔を隠した写真例

商品企画、TV取材誘致などメディア露出(商品／企業)、パッケージ、ネーミング開発を駆使し、ブランド力の向上に努めます。

❷ 代表挨拶以外の写真も自分が写った写真を使う

なるべく自分達が写った写真を使う

　代表挨拶などで自分の顔写真を掲載するのは必須で、他の写真もフリー素材だけに頼らず、自分達が写った写真を使うようにしましょう。**目安は**

自分の写真が8割程度です。なるべく仕事をしている様子など自分達が写った写真を使うことで、メーカーに実態を伝えられます。

どうしてもイメージ画像でないと厳しい場合はフリー素材でも大丈夫ですが、スマホでいいので日頃から業務中の写真を撮るようにしましょう。

❸ フリー素材は全体の2割以下としてイメージに合う写真を使う

フリー素材については、実物の写真ではどうしてもイメージが合わない場合にのみ使用し、全体の2割以下に留めるようにしましょう。また、フリー素材を使う場合も、なるべく物販事業に合う写真を使ってください。

■【レベル2】物販に対する想いや実績を 掲載して反応率を上げる

メーカーと交渉してみて、より反応率を上げたいと考える方は、【レベル1】で作成したホームページをもとにブラッシュアップしていきましょう。メーカー担当者は、毎日何十通ものオファーメールを受信しています。そのなかでも「ん？ なんかこれは気になるな」と反応してもらうには、**上記の写真に加えて、物販に対する考え方や想い、実績を掲載することです。**4つほどコツがありますが、どれも高額な制作費がかかるものではありません。本書では、初めての方もスムーズに取り組めるようにフレームワークや事例も交えてお伝えします。

【レベル1】でお伝えしたことを守りつつ反映すれば、メーカーの反応は大きく変わりますので、改善する際の参考にしてください。

❶ 難解な専門用語は避けて平易な表現に言い換える

メーカーの担当者の多くは、見慣れていない難解な用語や横文字があると拒否反応を示します。横文字や英語をかっこいいとは感じず、逆に怪しさを感じて警戒します。クラファン経験のないメーカーに対しては「クラウドファンディング」という言葉すら使わず、平易な表現に言い換えたほうがいいくらいです（言い換え例はP173～参照）。

あなたが普段当たり前に使っている言葉は、メーカーにとっては当たり前ではありません。専門用語や横文字、英語表記に関しては、「果たして地方のメーカーの中年男性に通じるか？」を考えるようにしましょう。

❷ 販売実績がある場合は公開する

　すでにクラファンを経験している方は、実績も掲載しておきましょう。**メーカーは実績のある人と取引したいと考えます。**クラファンの場合、プロジェクト終了時の支援金額がそのまま実績となるので、わかりやすく掲載できます。ただし、物販初心者の方は、実績については掲載しなくても大丈夫です。また、メーカー直取引も並行して行っている方は、次のような物販実績も出すようにしてください。

クラウドファンディングの実績を掲載する

・現在の売上（年商、月商）
・Amazon、楽天、ヤフーショッピングなどの販売実績
・個人事業主の時代から合わせた物販の実績

❸ メーカーに興味を持ってもらえるように代表挨拶やプロフィールを書く

「あなたが何者か？」を知らせるため、代表挨拶やプロフィールを掲載しましょう。とはいえ、プロフィールを書くと言っても、どう書いたらいいかわからないと思います。

意外と思われるかもしれませんが、**一番簡単なプロフィールの作り方は、結婚式の席次表にある新郎新婦のプロフィールを真似することです。**

席次表の新郎新婦のプロフィールが参考になる

席次表の新郎新婦のプロフィールは、片方しか知らない参列者が新郎新婦の人柄がわかるように作られているためです。以下のサイトが参考になりますが、当然結婚に関すること（お互いの第一印象など）は掲載しなくて問題ありません。以下の項目で埋められることだけでいいので、箇条書きで掲載しましょう。

【参考になるサイト】

❶ 片時もゲストを退屈させない!席次表プロフィール80のアイデア（「結婚スタイルマガジン」より）

https://www.niwaka.com/ksm/radio/wedding/invitation-seating/seating-chart/05/

❷席次表プロフィールを楽しく♡100の質問!定番からユニークな項目まで大特集（「ウェディングニュース」より）

https://www.weddingnews.jp/magazine/161478

【プロフィールに掲載すること】

❶基本情報

・生年月日、出身地、血液型、干支

・ニックネーム

・家族構成や兄弟構成

・趣味や休日の過ごし方、マイブーム

・特技

・ストレス解消法

・自分の性格や長所、短所

・尊敬する人や座右の銘

・子どもの頃の夢

・学生時代の部活動やサークル

・持っている資格

・英語や中国語など話せる言語

・学生時代の部活動やサークル

・愛車など宝物にしているもの

・ペット

・ボランティア活動、企業活動

❷好きなもの

・好きな食べ物

・好きなお酒

・好きな本

・好きなマンガ

・好きなテレビ番組

・好きな映画

・好きな歌や歌手

・好きな観光地や旅行したいところ

・好きな山、海

・好きな時間

・好きだった教科

・好きな動物

・よく観戦するスポーツ

・好きな季節

❸ちょっとユニークな質問

・自分の口癖

・自分を動物やキャラクターに例えると?

・地球最後の日に何をする?

・無人島に持っていくものは?

・透明人間になったらどうする?

・今までの人生で一番のピンチは?

・これだけは誰にも負けないことは?

❹物販事業に関すること

・ビジネスのきっかけ

・過去の経歴や現在やっていること、販売実績

・どんな想いでビジネスをしているか

・取引したい気持ち

・未来の展望

最後の物販事業に関することは、メーカー直取引など、他の物販事業もあれば掲載してください。**なお、ホームページに掲載するプロフィールはボリュームがあっても構いません。** メーカーの担当者は、あなたのどんなところに興味を持つかわかりません。学生時代の部活が同じだったことに共通点を見出すかもしれませんし、趣味が面白いと思ってもらえるかもしれません。自分との共通点などメーカー担当者が興味を持つフックを多数用意してください。下図のサビキ釣りのように、様々な餌（共通点）を用意して、寄ってくる魚（メーカー）を待つイメージで、1つでも興味を持ってもらえればいいのです。

1つでも餌（共通点）で魚（メーカー）が釣れる

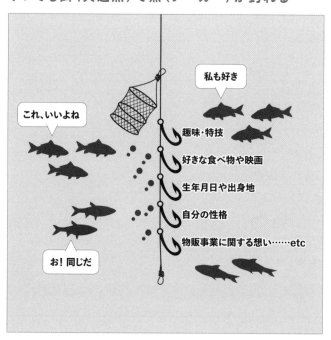

　また、メーカーとは打合せをすることもありますが、担当者は意外とプロフィール内容を覚えていて、共通点があると打ち解けやすくなります。ただし、あまりネガティブなことや、特定の政治思想や新興宗教、犯罪を想起させるものなど、明らかに印象が悪いものは避けましょう。

❹ 会社の沿革を掲載して事業の勢いを伝える

沿革の記載例

沿革

2008年05月	横浜市にてmatelia社設立（看板業、通販事業を立ち上げる）
2008年05月	オンライン通販業として自社ECサイト立ち上げ
2010年02月	業務拡大に伴い事務所移転
2014年09月	業務拡大に伴い事務所移転（大阪拠点開所）
2015年01月	福岡拠点開所
2017年12月	提携先倉庫（大阪市）の拠点整備
2018年03月	香港拠点開設／貿易事業（輸出入）開始
2018年09月	東京ギフトショー出展・参加（卸売業BtoB事業開始）
2018年10月	業務拡大に伴い営業所移転
2020年02月	東京ギフトショー出展
2020年03月	コロナ禍の影響で運営店舗の一時休業（その後再開）、通販業は好調
2020年07月	提携先倉庫（東京都）の拠点整備
2020年11月	小売／卸売業の専業化と業務拡大により営業所移転

【沿革】	
2019年8月	神奈川県逗子市にて個人事業主として開業
2019年8月	小売業開始
2020年1月	小売業にて月商150万を計上
2020年2月	税理士との顧問契約締結
2020年4月	卸売業開始
2020年5月	倉庫と提携開始（大阪）
2021年2月	小売業にて月商300万を計上　商品流通量が2倍に増加
2021年3月	業務拡大に伴い株式会社竹林リミテッドジャパン設立
2021年4月	神奈川県横浜市へ本社移転
2021年5月	貿易業部門開設
2022年度	海外メーカーとの直接取引及びクラウドファンディングを実施予定

　会社の沿革があると、実態を示すだけでなく勢いのある会社ということを伝えられます。**そのため、個人事業主で物販を始めた頃から今に至るまで、上図を参考に時系列で書いてみてください。**会社の沿革も、クラウドファンディングに限らず、メーカー直取引など他の物販事業に関することも書いていきましょう。

　ただし、まだ物販初心者の方は書けないところなので、スルーしても構いません。実績を重ねてきたら沿革を追記することにして、その代わり次に紹介する未来の展望を掲載してください。目安としては2〜3行しか書けないようであれば省略しましょう。

　しかし、ある程度の経験・実績があれば沿革は書けるはずです。ほとんどの方は「たいした経歴がないし書くことがない」と筆が止まりますが、沿革には「これを書いてはいけない」というものはありません。一見小さなことでも、他人から見れば「すごい！」「着実に成長していますね」と思えることは意外とあります。自分のことは他人以上に小さく見えるものです。

　以下に記載例を紹介します。実際にコンサル生に伝えている貴重な内容なので、ぜひ参考にして沿革を書いてみてください（「嘘」は当然ダメですが、常識の範囲内で多少「盛る」ということも意識して内容を書いてみてくださささい）。

【沿革の記載事項】

出来事	記載例
前職の職歴	●〇〇業に従事し、現在の事業着想を練る
物販デビュー	●〇〇県〇〇市にて個人事業主として開業 ●小売業、卸売業、貿易業開始
実績、売上	●小売業にて月商150万を計上 ●小売業にて月商300万を計上、商品流通量が2倍 ●過去最高益更新 ●取引先が〇社 ●Amazonで〇〇〇がヒット商品となる ●クラウドファンディングの〇〇〇のプロジェクトで支援額〇〇〇〇万円達成
法人設立	●〇〇市にて合同会社〇〇〇〇設立 ●業務拡大に伴い株式会社〇〇〇〇設立
引っ越し	●業務拡大に伴い〇〇〇市に事務所移転 ●〇〇〇市へ本社移転
事務所の整理、物品購入	●事業拡大に伴い倉庫スペースの拡張 ●レイアウトを効率的に変更 ●コロナ禍で空気清浄機を導入（空調設備を拡張）
新事業開始（クラファンを開始した等）	●貿易業部門開設
ギフトショー、展示会参加	●東京ギフトショー出展・参加
企業との取引成立	●卸売業BtoB事業開始
スタッフ採用、外注先増加	●業務多忙のため人員補強
倉庫を増やした	●倉庫と業務提携して供給責任を全う ●倉庫と提携開始（〇〇市）
提携配送会社の追加	●配送会社の切替 ●配送会社の提携追加
社会貢献、ボランティア	●SDGsのために資材を変更 ●地域社会貢献のために〇〇〇活動開始
銀行口座開設	●メインバンクを〇〇銀行に変更
税理士と顧問契約	●税理士との顧問契約締結

異業種交流	●○○○市の商工会議所に入会 ●○○○市の倫理法人会に入会
将来の計画	●○○○を実施予定

❺ 未来の展望を書いて事業の想いや計画性を伝える

　これまで過去や現在の事業内容やプロフィール、沿革についてお伝えしてきましたが、未来の展望を記載する方はほとんどいません。未来展望とは、例えば以下のように大まかなロードマップを示したものです。

【未来展望の記載例】

> 「昨年度は売上○○万円でしたが本年20XX年度は倍増の○○万円の売上を見込んで業務拡大中でして、これから新規のお取引様を全国で探しております」

> 「今年はさらにクラウドファンディングのプロジェクトを積極的に立ち上げ、〇件で総支援額○○○○万円を目標としています。さらにこれまでのAmazon販売の実績も活かし、プロジェクト後の販路についてもサポートさせていただきます」

> 「これまでの海外メーカー商品の販売ノウハウを活かして、今年からは国内メーカーのオンライン通販のサポートに力を入れていきます」

　未来の展望を掲載することで、物販事業に対する想いや意気込みだけでなく、事業に勢いがある実態を伝えることができます。あくまで目標なので、どんなに書いても嘘にはなりません。自分の夢を積極的に掲載しましょう。

■【レベル3】メーカーが積極的に取引したいと
　思えるように作り込む

　【レベル1】の内容に、【レベル2】でお伝えした内容を盛り込むだけでも、十分メーカーの反応を変えることは可能です。

　しかし、ホームページは一度作ってしまえば一生勝手に宣伝してくれるので、誰にも負けないレベルで作り込んでもいいでしょう。具体的には、よりメーカーが取引するメリットや、あなたが提供できること、理念・ミッションを詳しく掲載していきます。そうすることで、メーカーは積極的に

あなたと取引がしたいと考えます。

　ただし、ホームページを作り込みすぎて力尽きては本末転倒なので、以下のことは後回しにしてメーカーにアプローチしても構いません。メーカーにアプローチしながら改善を図っていくといいでしょう。

❶ 物販事業や会社を一言で表現する

一言で表した事業理念・ミッションの一例

　自分の事業や会社を一言のキャッチフレーズで表現します。必ずしも事業理念やミッションでなくてもいいのですが、「なぜ物販事業をやっているのか?」「何のためにやっているか?」という問いに対して答える形で考えてみましょう。下表に、企業理念など、大手企業の「会社を一言で表現」した例を紹介します。

大手企業の経営理念や会社を一言で表現した例

企業	一言キャッチフレーズ
楽天	イノベーションを通じて、人々と社会をエンパワーメントする
ZOZO	世界中をカッコよく、世界中に笑顔を
モノタロウ	現場を支えるネットストア

kakaku.com	ユーザー本位の価値あるサービスを創出し続ける
出前館	地域の人々の幸せをつなぐライフインフラ
クラウドワークス	労働市場のミスマッチを無くし、アップデートする事業を展開する
JINS	アイウェアから始まる豊かな生活を
Makuake	世界をつなぎ、アタラシイを作る
GREEN FUNDING	誰もが生きていきたい世界をつくる
CAMP FIRE	一人でも多く一円でも多く、想いとお金がめぐる世界をつくる
オリエンタルランド	「夢、感動、喜び、やすらぎ」を提供
Amazon	地球上で最もお客様を大切にする企業
ファーストリティリング（ユニクロ）	服を変え、常識を変え、世界を変えていく
メルカリ	限りある資源を循環させ、より豊かな社会をつくりたい
セブンイレブン	近くて便利
ローソン	私たちは"みんなと暮らすマチ"を幸せにします。
日清食品	食足世平「食が足りてこそ世の中が平和になる」 食創為世「世の中のために食を創造する」 美健賢食「美しく健康な身体は賢い食生活から」 食為聖職「食の仕事は聖職である」
松屋	みんなの食卓でありたい
ゼンショーホールディングス	世界から飢餓と貧困を撲滅する
大戸屋	人々の心と体の健康を促進し、フードサービス業を通じ人類の生成発展に貢献する。
スターバックス	人々の心を豊かで活力あるものにするために―ひとりのお客様、一杯のコーヒー、そしてひとつのコミュニティから
サンリオ	1人1人の笑顔を作り出し、幸せの輪を広げていくことによって「みんななかよく」という企業理念の達成を目指しています。

メーカーと交渉する過程で打合せをする際は、よく「なぜ興味を持ってくれたのか？」「なぜ物販事業をしているのか？」と聞かれます。メーカーはできれば想いを持って取り組んでいる人と取引したいと考えています。**事業を一言で表す言葉があれば、メーカー交渉時に説明する手間はなくなりますし、最初から信用を得られます。**

ただ何となくかっこいい一行コピーを考えるのではなく、どんな想いが込められているか、詳細の意味を説明できるようにしましょう。

事業を一言で表現したら意味を説明できるようにしておく

次のことを思いつくままにノートなどに書いていくと考えやすいです。

- ●物販事業を通じて実現させたい願望
- ●事業で絶対にやりたくないこと、やってはいけないこと
- ●自分の強みや弱み
- ●メーカーや消費者に貢献したいこと
- ●地域や社会に貢献したいこと

なお、「売上至上主義」「お金を儲けたい」といった言葉はメーカーから共感を得られないので、事業に対する大義名分を書くようにしてください。

❷ 図解を含めて事業内容を詳しく掲載する

事業内容の例

オンライン戦略

オンラインのネット通販は伸長するものの、メーカーとしての商品の卸し方によって、伸びる商品と消えてしまう商品と2極化してきています。オンラインは従来の問屋さんや小売業に無差別に卸すというやり方では、ネットでの値崩れや不正レビュー等のブランドイメージの下落や商品寿命の短命化が起こりやすくうまくいきません。

ネット通販の拡販はやれば成功するのではなくやり方があり、ニーズの多様化する昨今に即した消費者対応ができる販売パートナーと二人三脚が成功の秘訣だと考えています。

メーカー様の大切な商品、ブランドをより丁寧に確実に扱って拡販できればと思っております。

事業内容の記載例

小売業	●Amazonや楽天など大手オンラインショップの商品販売サポート ●自社ECサイトでの商品販売 ●クラウドファンディングのプロジェクト起案サポート ●新商品のテストマーケティング ●OEM企画開発・販売 ●メーカー様商品のブランディング ●クラウドファンディング、ECサイトの商品ページ作成
卸売業	●個人店への卸売業 ●大手量販店への卸売業 ●展示会参加
商品保管・流通業 （ロジスティクス）	●PL保険加入 ●倉庫の拡充 ●配送業者との連携 ●電子システムの活用 ●JANコード取得対応
貿易業（※）	●海外商品の日本国内への輸入 ●海外商品のOEM企画 ●国産品の海外展開や販促サポート ●輸入代理店業

※貿易業は輸入ビジネスをしている人に限る

また、言語化しづらいものや文章だけでイメージしづらいものに関しては図解で示してもいいでしょう。クラウドソーシングを使って1,000〜2,000円くらいでデザインを外注できます。ただ、あまり複雑にしてしまうと、デザイン費がもっと高くなったり、わかりづらくなったりするので、なるべく簡単な図にしてください。例えば、以下の図では、各々の事業が相互に関連し合って相乗効果を生んでいることを示しています。事業内容を図解することで、メーカー担当者がイメージしやすくなります。

事業内容を図解する

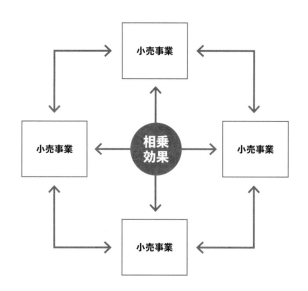

また、多販路展開をしていることを示す図や、クラウドファンディングの一般的な仕組みも図解で示すこともあります。右ページの表のように、文章で説明した場合と、図解とどちらがわかりやすいでしょうか？

おそらく、ほとんどの方は図解のほうがわかりやすいと感じるかと思います。少なくともイメージはわいてきますね。また、事業内容を図解にすることによって、「しっかりとした会社だ」「信頼できそうだ」という印象を与えることができます。

文章だけの場合と図解を加えた場合の比較

メーカー様から仕入れた商品に合わせて、以下の各プラットフォームでの多販路展開をサポートします。
●Amazon
●楽天
●Yahoo!ショッピング
●自社ECサイト
●クラウドファンディング

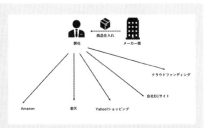

メーカー様から仕入れた商品に合わせて、各プラットフォームでの多販路展開をサポートします。

❶起案者がプロジェクトを起案して、支援を募集する
❷プロジェクトを見た支援者がクラファンサイトに支援金を払う
❸クラファンサイトから手数料を差し引かれて起案者に資金が入金される。
❹起案者が支援者にリターン（返戻品）を配送する

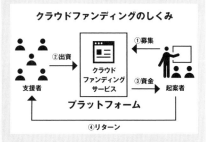

起案者は支援者から資金を得た後、リターン（返礼品）として商品を発送します。

　このように、必要に応じて文章と図解を組み合わせて活用してみてください。

　次ページに、事業内容を図解にする際の型をいくつか示しますので、参考にしてみてください。

事業内容説明の型

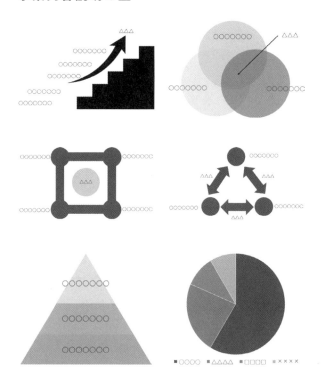

❸ 求人情報

　もし、今後スタッフさんを募集する予定のある方は、求人情報も入れておくといいです。メーカーさんには直接関係のないことですが、業務を拡大するほど売上が伸びている、つまり会社が成長している実態を印象付けることができます。そういう意味では、スタッフさんのいる方は、スタッフさんの紹介のページや社内旅行や懇親会中の写真もあるといいでしょう。

交渉前に知っておきたいメーカー側の クラウドファンディングのメリット

　P38〜では、クラウドファンディングの実行者側のメリットについてお伝えしました。しかし、メーカーに交渉する際には、メーカー側のメリットも把握しなければいけません。メーカーはメリットを理解して、初めてクラファンに興味を持ちます。

■ ノーリスクで新商品の開発・生産ができる

　クラウドファンディングは、もともと資金調達することを目的として作られ、本質的にローリスクでモノづくりができるように設計されています。完全無在庫販売を実現し、先に消費者（支援者）から支援金を集めることができるので、融資や補助金以外で開発費や生産費用を捻出できます。

■ ノーリスクでテストマーケティングができる

　新商品を生産する前にどれくらい売れるかどうかをテストして、ノーリスクで販売データを蓄積できる点はメーカーにとっても大きなメリットです。これまでのテストマーケティングの方法では、商品を生産してからPRするので、売れなければ無駄な生産コストが発生することになります。

　特にコロナ禍以降の不況もあり、最近はどのメーカーも新商品開発のリスクを取りづらくなっています。しかし、クラファンでリスクなくテストマーケティングができれば、新商品販売のハードルを下げることができます。

■ 生産前の新商品を消費者や大手卸業者に 知らせることができる

クラウドファンディングを活用することで、新商品の存在を消費者に知らせることができます。テストマーケティングをしつつ、商品の魅力を消費者に伝えることで、生産前の新商品を思う存分PRできます。

また、クラウドファンディングは大手百貨店などの卸業者も多くチェックしているため、大型のBtoB取引が決まることがあります。これは、実行者にとっても大きな夢のある話ですが、メーカーにとっても大きなメリットです。

■ 生産前にメディアにPRすることができる

クラウドファンディングでプロジェクトを立ち上げることによって、商品を生産する前にテレビや雑誌などのメディアにPRできます。

■ 販路拡大の大きなきっかけとなる

今までクラウドファンディングを活用してこなかったメーカーにとっては、クラウドファンディングという市場自体が新しい販路となります。

また、クラウドファンディングでの認知をきっかけに、Amazonや楽天、自社ECサイトの販売も実現することがあります。

いきなり新商品をAmazonや自社ECサイトで販売することは高度でリスクが高いので、販路に悩んでいたメーカーにとっては大きな突破口となります。

■ メーカーや商品のブランド化に繋がる

クラウドファンディングは1回やって終わりではなく、何回か繰り返し行うことでリピーターが積み上がっていきます。

そのため、2回、3回とプロジェクトを立ち上げることによって継続的に商品を売ることができるようになります。このように何回もプロジェクトを立ち上げることによってメーカーや商品のブランド化を図ることができます。クラファンは単発ではなく、何回も繰り返すことが重要です。

■ お蔵入りになった在庫を販売することができる

　意外とメーカーに話をすると、お蔵入りの商品が在庫に眠っていることがあります。この商品をクラウドファンディングで販売してみたら、大ヒットしたということは珍しくありません。

　在庫を一掃することができて無駄な保管費用が削減できますし、プロジェクトが成功して、その後も売れ続けばメーカーから感謝されます。すでに在庫があるために生産コストがかからないため、着手金を請求される可能性がかなり低いパターンです。メーカーと交渉する際は、在庫に眠っている商品もある可能性を念頭に置いて話を進めてください。

04

なぜメーカーはクラウドファンディング を直接実施しない/できないのか?

　実行者である私達はもちろん、メーカーにとってメリットだらけのクラウドファンディングですが、なぜメーカーは実施しないのでしょうか? これもメーカーと交渉する際は重要なポイントになるので知っておいてください。

■ そもそもクラウドファンディングを知らない

　今ではMakuakeやCAMPFIREなどが積極的にテレビCMをするなど、かなり認知が広がってきました。しかし、まだクラファンを知らないメーカーもたくさんあります。

　国内のクラウドファンディングの歴史はまだ10年程度と浅いので、無理もない話です。知っているとしても、キングコングの西野亮廣さんが自身の映画作品「えんとつ町のプペル」で製作資金をクラファンで集めたケースくらいのイメージで、商品開発と結びつかないメーカーの担当者も多いです。

　クラファンの存在を知らないメーカーには、メリットを十分伝えると、「そういう仕組みならやりたい」と喜んで取引してくれることがあります。

■ クラウドファンディングの担当者がいない

　クラウドファンディングの存在やメリットは把握していても、人材リソースがなく実施できないメーカーもあります。これは、クラウドファンディングを経験したメーカーにも同じことが言えます。担当者が既に退職していたり、実行者との契約が切れたりしていることがあるためです。

クラファンのリソースがないメーカーに対しては、「もし新商品を作れるのであれば私のほうでサポートします」と言えば取引が成立しやすくなります。

■ 新商品の開発資金に回せない

不況でメーカーの経営が苦しく、余剰資金がなくて新商品の開発まで予算がないケースがあります。この場合は既製品の販売で現状維持が精一杯になっていることが多いです。

この場合は、「ノーリスクで新商品の開発をしてテストマーケティングまでできる」とクラファンのメリットを伝えると良いでしょう。「資金不要ならやってみよう」と取引が成立することがあります。

■ 保守的で慎重な性格

国内メーカーは、比較的保守的で慎重なことが多く、新商品の開発にチャレンジしようとしない傾向があります。「挑戦してみよう」と考える前に「失敗したくない」という気持ちが先行するのです。だから、知らない人から取引の交渉があっても「騙されたくない」という気持ちが先行してしまうところがあります。

05

クラウドファンディングの国内メーカー 交渉の基本的な考え方

■ 副業でも個人事業主でも大丈夫なので、 気負うことなくメールしよう

　これまでメーカー直取引や海外メーカークラファンをやってきた方は、メーカー交渉は慣れているかもしれません。ただ、メーカー直取引もクラウドファンディングも初めてという方は、メーカー交渉は緊張するかもしれません。また、副業から始めた方や個人事業主の方は「法人でなくても大丈夫なのか？」と思う方もいるでしょう。

　結論から言うと、副業で始める方も、個人事業主の方も、メーカー交渉するのに大きなハンデになることはありません。創業50年を超えるメーカーや、従業員が100人を超えるメーカー、地元で知られたメーカーとも十分関われます。個人事業主に対してもしっかりと対応してくれるメーカーがほとんどなのでご安心ください。

　メーカー直取引に比べると、多くのメーカーにアプローチすることはできませんが、その代わりメール返信率が高いです。メーカー直取引は、価格崩壊の懸念からAmazon販売に抵抗があるメーカーも多く、メールが無視されることもあります。しかし、クラウドファンディングは、先にお伝えしたように新商品を開発したいメーカーにとってはリスクがありません。P165〜でお伝えしたメリットを伝えれば、何かしらの反応は返ってきます。また、一度興味を持ってもらえれば、メーカーにとってあなたは大切なお客様ですから、好意的に相談に乗ってくれます。

　実際に、メーカー直取引とクラウドファンディング両方取り組んでいる主婦のKさんが、次のようなことを言っていました。

「メーカー直取引の交渉は、メーカーに相乗り出品者を増やすことで価格競争のリスクを負わせる可能性もあるので心理的に抵抗があります。一方

でクラファンは『商品を作れたら買いたい』とお客様の立場でアプローチできるので交渉しやすいです」

　メーカー交渉と言っても、最初からいきなり直接会って商談せず、メールを送ることから開始します。個人事業主の方も肩の力を抜いて気軽にメールを送ってみましょう。そして、メーカー交渉を円滑に進めるために、以下の基本的な考え方を身に付けてください。

■ クラファン交渉の国内メーカーと海外メーカーの違い

　国内メーカーと海外メーカーでは、クラファンの交渉の仕方に次のような違いがあります。

海外メーカーと国内メーカーの交渉の違い

	海外メーカー	国内メーカー
メールの反応	無視されやすい	何かしら返信がある（お断りも含む）
交渉時の質問	メーカーから質問される	メーカーに質問する
交渉内容	●日本の市場で売れるか？ ●サポートの範囲は？ ●商品の見積もりやMOQは？	●どういう商品を作るか？ ●売れる見込みはあるか？ ●商品の見積もりやMOQは？
その他特徴	●翻訳サイトの精度に限界 ●翻訳や通訳の手間 ●細かいニュアンスが伝わりづらい ●貿易知識が必要 ●気軽な相談ができない	●翻訳や通訳不要 ●細かいニュアンスが伝わりやすい ●貿易知識が不要 ●交渉というより気軽に相談できる

　海外メーカークラファンというと、KickstarterやIndiegogoなどで大きく売り上げたメーカー商品の独占販売権利を獲得する方法が主流です。すでに海外でヒットした商品の仕入れを交渉するので、多くの物販プレイヤーが狙っています。

そのため、メーカーによってはオファーが集中することがあり、「また来たよ」とメールを無視されることもあります。返信があっても「もう取引先は決まった」と取引を断られることがあります。

　しかし、国内メーカーの場合は新商品開発になるので、オファーが他の物販プレイヤーと重なることはない独自の提案になります。そのため、ホームページがあれば無視されることは少なく、取引の可否は別としても返信はあります。

　また、海外メーカーとは交渉内容も変わってきます。海外メーカーの場合、「日本市場で売れるか？」「どこまでサポートしてくれるか？」「実績を出せ」など、会社の採用面接のように様々な質問をされます。

　しかし、国内メーカーの場合は質問攻めされることは多くありません。「なぜ興味を持ったのか？」「なぜ今の事業をしているのか？」など聞かれることはあります。ですが、一度打ち解けたら、あとは新商品をどうやって作るか話し合うスタンスです。どちらかというと、こちらが「どういう商品ですか？」「この機能を強化することはできますか？」など質問する側になります。海外メーカーと違い、むしろ私達を「商品を買ってくれるお客様」と扱ってくれ、丁寧に説明対応してくれます。これは法人でも個人事業主でも同様です。

　よくメーカー交渉というと「質問攻めに合って答えられなかったらどうしよう」などと不安に思う方もいますが、実態はかなり違います。**海外メーカーは交渉という名の通りさまざまな条件を取り決めますが、国内メーカーは相談しながら一緒に作り上げていきます。**メーカーの方が商品知識は豊富にありますし、気軽に相談もできます。気負うことなく取り組みましょう。

■ 取引先候補のメーカーの一般的な傾向

一般的に国内メーカーの担当者は次のような傾向があります。

● 中小企業の中年男性（40～50代）

● 保守的な傾向があり、新しい情報に強くない

● 「商品を売ってほしい」というより「騙されたくない」という感情が強い

● 知らない専門用語には拒否反応を示しやすい

● 都市部よりは地方の中小企業が多い

● 新商品を販売したいけどコロナ禍の不況でリスクを取れない

● 全般的に自社商品が売れずに悩んでいる

● 毎日のようにメーカー直取引やクラファンのオファーメールが来ている

すでにメーカー直取引かクラファンを経験していれば、想定するべき人はすでに取引しているメーカーの担当者です。もし経験していなければ、地方に在住している親戚のおじさんを思い浮かべてみてください。このような特徴を持つメーカー担当者に伝わりやすい言葉でメール文章を送り、メリットを十分伝える必要があります。

■ 英語やカタカナ用語、専門用語は避け、 相手の脳内にある平易な言語を使う

ホームページ作成と同様、英語やカタカナ用語、専門用語を使うと、「すごい！」と感心されるよりは、かえって「よくわからない」「怪しい」と拒否反応を持たれます。そのため、シンプルに理解できるように、相手の脳内にある言葉に言い換える必要があります。

クラファン経験メーカーでなければ、「クラファン」「クラウドファンディング」という言葉すら使わないほうがいいです。昔よりは認知されているものの、クラウドファンディングという言葉に馴染みのないメーカーはたくさんあるので、次のような言葉で言い換えましょう。

●新しい販売手法
●今伸びている販路
●新商品を拡散する手法
●新商品をリスクなくテスト販売する手法
●短期間で資金調達して新商品を開発する手法

　もちろん、交渉先がクラウドファンディングを経験したメーカーであれば言い換える必要性はないでしょう。臨機応変に使い分けるようにしてください。

　気を付けるべきことは、私達が当たり前のように使っている言葉でも、メーカーにとっては聞いたことすらない可能性があることです。

　なお、メールの交渉例文のところでもお話しますが、そもそもメールの1通目の段階ではクラウドファンディングの説明が不要な場合があります。説明が必要なタイミングまで後回しにして、「商品を作れるか？」と要件だけ先に伝えても構いません。

　「クラウドファンディング」以外では、例えば次のような英語やカタカナ言葉も、わかりやすく言い換えたほうがいいでしょう。

●z-holdings株式会社⇒ゼットホールディングス株式会社という、ヤフージャパンを運営する会社
●事業シナジー⇒事業の相乗効果

■ 1通目のメールの目的は取引ではなく反応してもらうこと

　交渉メールを出すときに大事なことは、1通目のメールでは取引を決めることではなく、まずは反応してもらうことを目的とすることです。

　たしかに最終的にはメーカーと取引を成立させるのですが、1通目からいきなり取引の話をすると返信率が下がります。

　例えば女性を初めてデートに誘うとき、あなたは相手にどのように言いますか？

> 「A:結婚してください！」
> 「B:ピザ生地がおいしいイタリアンでもどうですか？」

　言うまでもなく、初めてのデートなら正解はBです。初めてデートに誘うのに、いきなり「結婚してください！」では相手は引いてしまいます。相手の女性は、初めてのデートでいきなり結婚を意識することがないためです。多くは、最初は食事を一緒に行くなどして、お互いのことを知ることから始めるでしょう。

　これは取引候補先のメーカーにも同じようなことが言えて、メーカー担当者は1通目から取引しようとは考えていません。デートの場合と同様、いきなり大きな話に持っていこうとしても必ず失敗します。

　メーカー担当者は、1通目のメールで興味を持ったらホームページを確認し、そしてようやく「とりあえず連絡してみよう」と考えます。もちろん、最初から取引に対して積極的なメーカーもありますが、まずは小さいYESを重ねて徐々に関係構築しましょう。

　このように、一つひとつ細かくコミュニケーションを取りながら、取引に近づけていきます。また、一つひとつのメールで、シンプルかつストレートに確認事項を伝えて、メーカーが返答しやすいようにしましょう。あまり1回のやり取りで条件や質問を書きすぎてしまうと、反応が悪くなります。具体的には、以下のステップでメールを送ります。

メーカーへのメール交渉のステップ

	確認事項	目的
1通目	【実現可能性①興味】 ●メーカーに簡潔に商品開発を打診する ●メーカーにホームページを見せる	自己紹介と要件を伝えて興味を持ってもらえるか確認する
2通目	【実現可能性②可否】 ●新商品開発の可否を確認する ●クラウドファンディングの可否を確認する	新商品開発が可能か、クラウドファンディングに協力的かどうかを確認する
3通目	【採算可能性①売上】 プロジェクトが成功するか再検証する	メーカーと相談しながら交渉前のリサーチの再検証をする
4通目	【採算可能性②利益】 ●採算が合うかどうか利益検証 ●着手金など取引条件を確認する （P192〜）	いつ支払が発生するか？ 採算について確認する

　このように1問1答くらいの感覚で、商品作りの実現可能性を確認し、売上・利益の見込みを立てていきます。なお、送るメールが4通とは限らず、1通目のメールの時点で、メーカーが2通分の回答を出してくれることもあります。逆にもっと細かい確認のやり取りが必要なこともありますし、打合せを打診されることもあるので臨機応変に対応してください。

【パターン別】メーカーに送る1通目の交渉メール例文

■ 交渉先のメーカー3つのパターン

商品リサーチして、メーカー交渉のステップとしては、次の3パターンがあります。

❶リサーチして見つけたメーカーに直接交渉する
❷モデリングした商品を作れるメーカーに交渉する
❸既存取引先に新商品開発の提案をする

まずは商品リサーチして、「これは売れそうだ！」と判断したら、まずは❶のようにクラファン実施メーカーに交渉メールを送ります。❶で断られたら、❷のモデリングした商品を作れるメーカーを探して交渉メールを送る流れとなります。❸は、メーカー直取引などで取引しているメーカーにメールすることです。

それでは、3パターンでメーカーのメール交渉例文をお伝えします。自分やアプローチするメーカーに合わせてアレンジして活用してください。

■ リサーチして見つけたメーカーへの1通目の交渉メール例文

メール例文	解説
（件名） ❶*****用品の取扱い及び製造の依頼等について	❶リサーチして見つけた商品カテゴリー/商品名を記載

（本文）
❷*****株式会社さま

お世話になります。
当社は小売/通販事業を営む❸*****と申します。

御社のクラウドファンディングプロジェクトの商品❹*****を拝見しました。

❺当社も小売業や卸売業はもちろん、同じくクラウドファンディングでの販売を行う事業者です。

❻御社のものづくりの高い技術を活かした商品を扱いたく、御社に❶*****用品の改良版や新作など製造依頼することは可能でしょうか。

よろしければ一度打ち合わせなど含めご検討いただけましたらと思います。
ご連絡よろしくお願いします。

❼*****

❷メーカー名を記載

❸自社名と担当者名を記載

❹モデリングするプロジェクトの商品名を記載

❺クラファン経験のメーカーに打診するので、「クラウドファンディング」の名前は出してもメーカーは理解できる。シンプルに自分がクラファン事業者である自己紹介をする

❻シンプルに新商品を作らないか聞いて1通目は終わり

❼自社名、担当者名、電話番号、メールアドレス、ホームページアドレスを記入

　1通目の目的は、1つは興味を持ってもらうこと、もう1つはホームページで会社概要を見てもらうことです。そのため、この時点で詳細な取引条件の話はなく、シンプルに「新商品が作れるか」だけ聞きます。

　この時点で「予定はありません」「すでに以前のプロジェクトと同じ代理店と新商品の開発を進めています」と断られれば、モデリングした商品を作れるメーカーにアプローチします。

■ モデリングした商品を作れるメーカーへの 1通目の交渉メール例文

　クラファン実施メーカーに断られたら、モデリングした商品を作れるメー

カーに交渉メールを送ります。メーカーの探し方としてはいくつか方法があり、いずれも簡単に見つけられます。

●クラファンサイトで類似商品が作れそうなメーカーを探す
●Amazonで類似商品が作れそうなメーカーを探す
●（商品カテゴリー/商品名）OEM」のキーワードでGoogle検索してみる

「○○○ OEM」でGoogle検索するとOEMメーカーが見つかる

あとは見つけたメーカーに、メールを送ってみるようにしましょう。2通目以降に最適なメーカーを選んでいくので、まずは複数社送ってみてください。

メール例文	解説
❶件名A（OEM生産と相手先のサイトに記載されている場合） ❷*****用品のOEMの製造依頼 件名B（OEM生産と相手先のサイトに記載されていない場合）❷*****用品の製造依頼	❶OEM生産メーカーかどうかで件名を変える ❷リサーチして見つけた商品カテゴリー/商品名を記載

（本文）
❸*****株式会社　さま

お世話になります。

当社は小売/通販事業を営む❹*****と
申します。

❺❷*****用品を製造可能なメーカー様
を探しております。

❷*****用品は昨今伸び盛りでして、❻
*****が今後市場伸長すると予測してお
り、この成長市場への参入を検討してお
ります。

具体的にプロジェクトも進行しており、ベ
ンチマークしている商品もご提示可能で
す。

❼対象商品は、以下の商品です。

この商品と同じ、
❽*****

この❾*****を原型に、
❿30％ほど持ち手を短くした小型化、携
帯性を高める
旅行用の❷*****をOEMなど製造の依
頼をしたいと考えています。

ご連絡よろしくお願いします。

⓫*****

❸メーカー名を記載

❹自社名と担当者名を記載

❺結論を単刀直入に記載

❻当該商品の将来の成長性や、商品化し
た想いを記載する

❼具体的なモデリングする商品を記載

❽ベンチマークしている商品のURLを記
載
❾ベンチマークする商品を記載
❿既存商品からの改善要望を完結に記
載

⓫自社名、担当者名、電話番号、メールア
ドレス、ホームページアドレスを記入

180

モデリングした商品を作れるメーカーにアプローチする場合は、次の点を簡潔に記載します。

> ●要件をシンプルかつストレートに言う
> ●ベンチマークする商品が何かを示す
> ●ベンチマークする商品の改善要望を完結に記載する

ここでも、まずは「新商品やOEM商品を作れるか」を確認します。

なお、この場合はクラウドファンディングという言葉をまだ使っていません。これは、まずは作れるかどうかを打診することから始めるのもありますが、メーカーがクラファンに精通していない可能性もあるためです。説明が必要なことは後回しにして、まずは要件だけ伝えましょう。

■ 既存取引先に打診する場合は 通常のメールに補足する

メーカー直取引などの既存取引先メーカーに交渉する場合は、以下のように通常の仕入れや定期連絡などのメールに補足する程度で大丈夫です。

> お知らせしていなかったかもしれませんが、当社は、現在国内の販路を拡大し、より多くメーカー様の商品を販売する体制を進めています。
> 既存流通のみならず成長市場である国内の新販路開拓を行っており、新商品の情報や販路が難しい商品などもありましたら、ご相談ください。

> 追伸:既存流通のみならず成長市場である国内の新販路開拓を行っております。新商品の情報や販路が難しい商品などもありましたら、ご相談ください。

メーカー直取引の既存取引先の場合も、クラファンに精通していないことがあります。

そのため、ここでもクラウドファンディングという言葉は使わず、「成長市場である国内の新販路開拓」「国内の販路を拡大」と別の伝わる言葉に言い換えて表現します。

できる人のメーカーに
断られた場合の対応方法

■「技術的に作ることができない」と
言われたらどうする?

　もしメールを送ったメーカーの返事が「No」だった場合は、メーカー直取引と同様に、必ず理由を確認してください。

　断られる理由は、大きく分けて別の取引先がいるパターン、自社で実施するパターン、新商品が作れずに断られるパターンの3つに分けられます。 前者2パターンの場合は参入余地がないので、諦めて別のメーカーにアプローチするしかありません。後者の場合は、まだ可能性があったり、違うメーカーを紹介してくれたりすることがあるので、次のことは確認しましょう。

❶ 他の仕様で作れないか聞いてみる

　もし、自分が提案した新商品を作れないと言われた場合は必ず詳細を聞いてください。「これくらいは妥協してもいいんだけど」という理由で、断られていることもあります。もし、確認せずに引き下がってしまうと、せっかく魅力的な新商品が作れるのに、チャンスを逃してしまうことになります。

　そのため、「どういう仕様ならできますか?」「このパターンではどうですか?」など、確認するようにしてください。「これはできないけど、これはできる」と折衷案で話が進展して、プロジェクトが成功することも珍しくありません。

❷ 別の新商品がないかどうか聞いてみる

　こちらが提案する新商品のオファーを断られたとしても、ダメ元で「別の新商品はないですか?」と聞いてみてください。そうすると、「今こういうのを作っているけど、どう?」と提案してくれるかもしれません。結果

的に当初よりも売れそうなプロジェクトに発展することもあります。

また、上記のように他の仕様で作れないか確認しているときに、「そういえば、今○○という新商品作っているけど」と話をしてくれることもあります。ただ、別の新商品を提案された場合は、MakuakeやGREEN FUNDINGを再リサーチして実需を確認するようにしてください。

❸ 作れるメーカーがないか聞いてみる

どうしても作れないと断られた場合は、「他に作れるメーカーはありますか？」と聞いてみてください。そうすると「この加工なら○○さん（メーカー名）が有名」「この素材なら、いつも○○さんから買っている」と教えてくれることがあります。このような情報を得られれば、近道で取引メーカーが見つかります。

❹ 何社も断られたら別の業種にアプローチしてみる

何社もメーカーに断られるなど反応が悪い場合は、アプローチしている業種が違うかもしれません。

例えばプロテインバーの販売でプロジェクトを立ち上げたコンサル生で、こんなことがありました。何社かプロテインメーカーにメールしてみたのですが、どこもNGの返事。理由としては、プロテインバーの型がなく、製造不可とのことでした。そこで、今度はお菓子メーカーに何社かメールしてみたところ、とあるメーカーからOKの返事をもらっています。

つまり、「この商品なら、この業種」という思い込みが間違っていることがあります。その場合、アプローチする業種を変えることで、取引メーカーが見つかることがあります。もし、何社もアプローチして反応が悪いような場合は業種を変えてみることも検討してみてください。

■ 対象メーカーに一斉にメール送信するのではなく、反応を見ながら少しずつ送る

メーカーに1通目のメールを送る際、基本的には対象となるメーカーに

一斉にメールを送り、反応のあったメーカーのなかからクラファンメーカーを選びます。

　ただ、いまいち反応が悪いことがあります。上記のように対象とする業種が違っている可能性もありますし、メールの内容が今ひとつの可能性もあります。そこで、対象メーカーすべてにメールを送るのではなく、反応を見ながらメール内容を修正して、少しずつ送ってみるのも有効です。

　特に「ここと取引したい」と思える本命のメーカーがいれば、敢えて後回しにして、テストとして他のメーカーにメールしてみるのもいいでしょう。一番反応が出やすいメール内容で、本命のメーカーにアプローチできるからです。

　商品の取り合いになって、早い者勝ちになる海外メーカークラファンではこの方法が使えません。しかし、国内メーカーで作るのは独自の商品なので競争がありません。だから、落ち着いて段階的にメールを送るようにしましょう。

2通目以降は商品のプロである
メーカーに何でも聞いてみよう

■ 2通目以降の商品のプロ（メーカー）に
実現可能性を確認すること

メーカーから「新商品を作ることができますよ」という返事をもらったら、どんな商品を作るか具体的に詰めていきます。商品作りに自信がなくても不安を覚えることはありません。商品知識はメーカーのほうが豊富に持っています。国内メーカーは販売力に苦手意識があっても、商品の技術力が高いメーカーが多いです。

1通目にメールを送る段階では、ベンチマークとなる商品を伝えて「これを○○に改良した商品を作れるか？」という、具体性のないオファーです。加えるとしても、せいぜい商品を使うシチュエーションや用途を伝えるくらいです。

そのため、見積もりの話になるまではメーカーと交渉するというより、情報を収集するという気持ちでメーカーと話を詰めていきましょう。商品知識のあるメーカーは丁寧に教えてくれます。

そして、「こうしてみたらどうですか？」と思うところをお互い提案しながら、具体的に詰めていきます。形が見えてきたら、実際にクラファンで売れそうか再リサーチして、大丈夫そうであれば見積もりや最低ロットを確認していく流れです。

■ 実際にメーカーと会いに行くかどうか？

メールのやり取りで具体的に商品を詰めていくことも可能です。しかし、具体的に商品を作り上げていく過程では、商談したほうが早いことがあります。

そのため、メーカーと話すことに抵抗のない方は、積極的に商談の場を設けてもいいでしょう。コロナ禍以降はZoomでの商談の場も増えていますので、遠方のメーカーに対しても気軽に商談を提案して、情報を収集してください。

　メーカー直取引の交渉では、商談する場合は見積もりをもらってからにします。これは、見積もりの時点で取引NGでは会っても時間の無駄だからです。しかし、クラファン交渉の場合は、最初は商品が形になっていないので、正確な見積もりを出すことができません。**そのため、まずは商談で契約を勝ち取るというスタンスではなく、積極的に情報をインプットしてください。** メールはもちろん、電話やZoomをうまく使いながら情報収集していきましょう。

■ どうやって取引するメーカーを絞っていくか？

　クラファンを実施する場合は、最終的にはメーカーを1社に絞ることになります。取引先候補が複数社あることは珍しくないですが、最初から絞らずに情報を収集してください。交渉を重ねることで、さまざまなことが見えてきます。

「このメーカーはクラファンに慣れていないけど、新商品に挑戦する社風がある」

「この技術ではこのメーカーが特許を持っているのか」

「このメーカーの担当者は話しやすい」

「商品について丁寧に教えてくれる」

　このように、技術的な強みを持っているメーカーや、打ち解けた関係にあるメーカーに絞っていきましょう。一方、「話を聞いてくれない」「一方的に話す」「明らかに乗り気でない」……このようなメーカーの場合は、こちらがいくら熱意を持って話しても進展がないので、早々と交渉を切り上げてください。

　このようなことは、メールよりは商談の場のほうが読み取りやすいです。 特に長く取引をする際に重要となる「このメーカーは話しやすい」など生

理的な相性は、商談の方が判断しやすいです。ただし、メールの文面からも明らかに「やり取りが遅い」「話が進展しない」などといった、消極的と読み取れる場合は、その時点で取引先候補から外しても構いません。メーカーとの取引は1回ではなく、関係を構築しながら2回、3回と連続させるなど、様々な取引に展開するのが理想です。そのため、メーカーとの相性はとても重要になります。

　最後までメーカーを絞れない場合は、相見積もりで次ページのように利益計算して決めましょう。

■ クラウドファンディングに詳しいメーカーと 詳しくないメーカーとの交渉

　メーカーのクラファン認知度によっても、アプローチ方法が少し変わってきます。クラファンの認知度については、大きく分けて4つに分けられます。

---

❶クラウドファンディングという名前も方法も知らない
❷クラウドファンディングという名前は知っているが方法を知らない
❸クラウドファンディングを経験したことはないが導入検討中
❹クラウドファンディングを経験済

---

　❶❷の場合は、P165～でお伝えしたクラファンのメーカー側のメリットを伝えながら交渉します。1通目のメールでは、クラウドファンディングという名前すら触れていないので、メーカーがわかる言葉で伝えてください。❶❷のメーカーはクラファン市場を知らないので、売れ筋商品について伝えて、「こういう商品を作れないか？」と積極的に提案しましょう。そして、自分が最後までサポートする旨を伝えていきます。

　❸の場合は、クラウドファンディングには積極的なのに、なぜ実行できていないのかを聞くようにしてください。多くはP182～のような回答が返ってきますが、いずれも「それだったら私の方でサポートさせてくださ

い」と返答することができます。特に担当者がいない場合は、あなたのような人をメーカーも待っていたはずです。

❹は、多くはクラファン実行メーカーに直接アプローチした場合にあり得ます。ただ、最近はメーカーリサーチで見つけた場合も、経験済のメーカーもあります。経験済のメーカーであれば話は早いです。「現在新商品販売の計画はないか？」「もし実行できてないなら、なぜなのか？」を聞いてください。

❶❷のメーカーのデメリットとしては、初心者の方はお互い経験がないことになるので、少しハードルが高い点です。ただ、お互い初めてでも、打ち解けた関係であれば、本書の通り実践すれば成功する可能性は高くなります。商品のプロであるメーカーにとにかく情報をインプットして、クラファンに合う形で擦り合わせていきましょう。

初心者の方が取り組みやすいのは❹のメーカーです。ただ、クラファンの流れを知っていても販売力が高いとは限らないので、消費者の訴求や、商品ページ作成についてはサポートする必要があります。

09

クラウドファンディングの販売価格設定と利益予測

新商品の実現可能性を確認し、クラファンで十分売上を見込めたら、今度は採算が取れるかどうかを確認します。

販売価格設定や利益予測で重要な項目は、次の通りです。利益率が25～40％程度で、必要な自己資金も許容範囲（P34～）であれば、Chapter4に進んでください。

販売価格設定と利益予測の項目

	計算式や考え方
❶一般販売予定価格	❶一般販売価格≧❷Makuake販売価格
❷販売価格	❷販売価格＝❸仕入れ価格×約3倍を目安に設定
❸仕入価格	❷販売価格の約30％が目安
❹クラファン手数料	❹クラファン手数料＝❷販売価格×17～20％ ※Makuake：20％ ※GREEN FUNDING：20％ ※CAMP FIRE：17％
❺配送料	❷販売価格の約20％が目安
❻広告費	「想定の総支援額の10％程度」「利益率を20～25％程度とする」など自分で設定する
❼1個あたりの利益	❻1個あたりの利益＝❷販売価格−❸仕入価格−❹クラファン手数料−❺配送料−❻広告費
❽目標販売数	－
❾総支援額	❽総支援額＝❻販売価格×❼目標販売数
❿総利益	❾総利益＝❻1個あたりの利益×❼目標販売数
⓫利益率	❿利益率＝❻1個あたりの利益÷❷販売価格×100

❶ 一般販売予定価格

　どのクラファンサイトでも、プロジェクト終了後に一般販売する場合は、一定期間支援金額以下の販売価格にすることが禁じられています（期間はクラファンサイトによって違います）。一般販売価格のほうが安かったら、クラファンの支援者が「待てばよかった！」と不満を持ち、炎上するためです。そのため一般販売する場合は、一般販売を見据えたクラファン販売価格とする必要があります。

　具体的には、Amazonや楽天や自社ECサイトを持つ会社をリサーチして、類似商品以上に高額にならないように注意してください。

　ただし、クラファンで出品する商品は、類似商品にはない魅力のある商品なので、10～15％程度を目安に高単価にしても大丈夫です。

❷ 販売価格

　クラファンのいいところは、仕入れ価格と販売価格をコントロールできる点です。目安としては、まずは販売価格を仕入れ価格の3倍程度とするといいでしょう。そうすれば、利益率が約33％となるように設定できます。

❸ 仕入価格

　メーカーの見積もりから仕入価格を記入します。

❹ クラファン手数料

　クラファンサイトの利用手数料を記載します。まだプラットフォームを決めていない場合は、仮にMakuakeとGREEN FUNDINGの利用手数料に合わせて20％として計算しましょう。

❺ 配送料

　メーカーから支援者に商品を配送する際の料金を記載します。リターン配送の手段については、P347～でお伝えしますが、料金は、ここでは販売価格の20％くらいを目安にしてください。

❻ 広告費

P367〜で詳しくお伝えしますが、プロモーションで広告費を使うことがあります。広告費を使う場合は、「想定の売上の10%とする」「利益率を20%とする」などあらかじめ目標を定め、使う額を決めてください。

広告費で利益を食いつぶさないように注意する必要があります。ただし、広告費を使うことは、利益率を減らしてもトータルの利益額を増やす戦略になります。特に力の入れたい商品で、支援額1000万円程度を目指す場合は、一定の広告費が必要になります。

❼ 1個あたりの利益

上記の計算式をもとにして、1個あたりの利益を計算します。Excelで自動計算できるようにしておくと、利益検証が楽です。

上記のように仕入れ額や手数料、配送料を設定した場合、広告費を使わない場合は利益率が約30%となるはずです。

> ❻1個あたりの利益（30%）＝❷販売価格（100%）−❸仕入価格（30%）
> −❹クラファン手数料（20%）−❺配送料（20%）−❻広告費（0%）

❽ 目標販売数

最低ロット数など、目標とする販売数を記載します。

❾ 総支援額

上記の計算式をもとに、総支援額（売上額）を計算します。

❿ 総利益額

上記の計算式をもとにして、総利益額を計算します。

⓫ 利益率

上記の計算式をもとにして、総利益額を計算します。利益率が25〜40%の範囲から大きく逸脱していれば、仕入価格か販売価格を見直すようにしてください。

10

着手金に応じたクラウドファンディングの交渉

Chapter1 P36〜でお伝えした通り、プロジェクト終了後に仕入代金を全額支払うケースと、プロジェクト終了前に仕入額の20〜50%程度の着手金を支払うケースがあります。これは国内メーカークラファンだけでなく、海外メーカークラファンでも同様の特徴があります。

実行者の立場からすれば、当然後者のほうがいいのですが、着手金の有無は、商品によって傾向が異なります。

クラファンで扱うことができる新商品は、大まかに次の4つのパターンに分けられ、以下の順で着手金のかかる可能性が高くなります。

クラウドファンディングで扱う新商品のパターン

商品の種類	着手金がかかる確率
❶既存新商品	低い ↑ ↓ 高い
❷既存品に簡単な改良を加えた商品（簡易OEM含む）	
❸既存品に大幅な改良を加えた商品（OEM含む）	
❹新規開発商品（OEM含む）	

❶ 既存新商品

既存新商品とは、在庫に眠ったままの新商品のことを言います。1つは、今発売されている新商品の次世代モデル商品で、まだ世に出す前の状態のものです。代表的な例がiPhoneで、iPhoneは新機種が発売された頃には、すでに次世代モデルの開発が終わっていることが多いです。

また、何らかの事情でお蔵入りになってしまい、在庫に眠ったままの状態の商品もあります。あとは一時的に販売したことはあるけれども、売れ行きが不振で現在はどこにも流通していない商品。これは売り方に問題があるだけで、本当はとてもいい商品である場合があります。これも適切な訴求をした商品ページを作成して、クラファンサイトに出品すると多くの支援を得られます。

　既存新商品というと、日本未上陸の海外メーカー製品を思い浮かべる方が多いですが、国産品でも結構多いのです。

　既存新商品は、すでに在庫にあるので生産コストが発生しません。そのため、国産品の既存新商品は、着手金ゼロでプロジェクトを進められる可能性が高いです。

　既存新商品を扱う際は、「既にある在庫を売り切るお手伝いをさせてください」と交渉して、なるべく着手金ゼロでプロジェクトを進められるようにしましょう。

❷ 既存品に簡単な改良を加えた商品（簡易OEM含む）

　バリエーションを変えてみたり、パッケージを変えてみたりなど、既存品から簡単なバージョンアップを図った新商品です。

　大がかりな改良がいらないので、生産コストがあまりかからず、メーカーの負担が少ないです。そのため、着手金がかかる確率は比較的低く、かかっても安い場合が多いです。

❸ 既存品に大幅な改良を加えた商品（OEM含む）

　既存品をベースにして、消費者のニーズなどを反映させながら機能面で改良した商品です。簡易OEMと違って軽微な改良ではないので、コストが発生する可能性が高く、ある程度の着手金が必要である可能性が高いです。

❹ 新規開発商品（OEM含む）

　ゼロベースで設計し、金型の製作から行う商品です。言うまでもなく、

もっともメーカーのコストがかかるパターンで、着手金が必要である可能性がとても高いです。

このように、扱う新商品によって着手金の有無は変わり、特に❹新規開発商品については百万単位で着手金がかかることがあります。

そのため、採算が取れるかどうかはもちろんのこと、最小ロット（MOQ）や取引条件について十分確認し、交渉するようにしましょう。

ただ、着手金は大きいが、十分な利益が見込める商品もあります。そのようなプロジェクトでも柔軟に対応できるように、近くの信金や公庫で短期融資を検討してもいいでしょう。

失敗しないための
クラファン
スタート前の
事前準備

メーカーとの交渉がまとまってきて、見積もりから十分利益が出ることを確認したら、いよいよクラウドファンディングをスタートします。しかし、海外メーカーほどではないですが、事前に確認しておかないと、炎上・プロジェクト中止など大きなトラブルに繋がることもあります。特にクラファン初心者の方は、スタート前に必ず本章の内容を確認してください。

01

クラファンプロジェクトを立ち上げる際の5つの注意点

　まず、本章の最初に、クラウドファンディングをするうえで絶対に避けたいリスクについてお伝えします。プロジェクトを実行するうえでのリスクは、大きく分けて次の2点に分けることができます。

> ❶クレームや炎上につながるリスク
> ❷プロジェクトを中止せざるを得ないリスク

　ただ、国内メーカーとの取引の場合は、いずれも海外メーカーに比べると炎上リスクもプロジェクト中止リスクも低いです。そのため、海外メーカーとの取引に比べると負担になる点や、注意しないといけない点は少ないのでご安心ください。ただ、以下のことは最低限注意するようにしてください。

■ クレームや炎上を防ぐ

　納期やカタログスペックをしっかりと守ってくれる国産品は、輸入品に比べると次の3大リスクに強いところがあります。ただ、こういったトラブルがまったく起きないわけではないので、メーカーや支援者と長く関係を築くためにも、以下のことは確実に防ぐようにしましょう。

❶ リターン配送が遅れないように気を付ける

　クラウドファンディングは、プロジェクト終了後1～2ヶ月でリターンを配送することが一般的です。そのため、Amazonやメルカリ販売に比べれば配送遅延のリスクは低いところがあります。また、国内配送の場合は、

輸入と違って配送に1〜2ヶ月もかかるようなことはありません。

　一点、気をつけなければいけないのはメーカーの商品生産の納期です。**在庫がなく、クラファン終了後に生産する商品については製作にどれくらいかかるか、しっかり確認しておくようにしてください。**そうすることで、商品遅延トラブルを確実に防ぐことができますし、資金繰りの良い状態で段取りを組むことができます。

❷ カタログスペックを下回らないように気をつける

　カタログスペックの低い商品は販売できないこともないのですが、支援者は当然不満を持つのでクレームや炎上のもとになります。**そのため、サンプル品をもらえるならば十分検品して、機能性を確認するようにしておきましょう。**

　ただ、輸入品に比べると、国産品は不良品と呼べるレベルの品質上のトラブルが発生することは、かなり稀です。そのため、クラファンサイト側からサンプル品の提供を求められないことがありますが、写真撮影が必要なので、サンプルは提供してもらってください。

❸ クラファン終了後に安く売ってしまう

　利益計算のところでもお伝えしたように、**クラファン終了後、一定期間は一般販売価格≧クラファン販売価格としないといけません。**クラファン後の展開を考えている場合は注意してください。海外メーカーの場合は、メーカー側の認識不足で終了後に安価に流通させてしまうことはあります。ただ、国内メーカーの場合は、このようなトラブルが起きることは稀で、実行者側が注意しておけば大丈夫です。

■ プロジェクト中止を防ぐ

　国産品の場合は輸入規制で商品が売れないといったことがありません。また、特許や意匠権なども商品知識の高いメーカーのほうが深く理解しているところがあるため、海外メーカーほど知財関係のトラブルの発生率は

低いです。不安な点があれば、むしろメーカーのほうがアドバイスしてくれます。ただ、次の点については注意するようにしてください。

❶ クラファン中に商品を流通してしまう

　クラファンの基本的ルールのひとつに、クラファン終了までに新商品を他の販路に流通できないという点があります。しかし、これが守られずにプロジェクト中に他の販路で売られてしまうリスクがあります。

　特に気をつけなければいけないのが、バリエーション違いの商品を他の販路で売られてしまうことです。バリエーション違いでもNGなのですが、「色やサイズが違えばOKと思っていた」というメーカーがたまにいます。発覚すれば即プロジェクトを中止しないといけないこともあります。

　製造メーカーを特定しづらい中国輸入の簡易OEMに比べれば、発生しづらいトラブルです。しかし、国内メーカーでもクラファンに精通していないと、稀に勘違いによるミスが起こり得るので、しっかりと伝えておきましょう。

❷ 商標権を侵害してしまう

　国産品の場合、特許や意匠権の点ではメーカー側が詳しいので安心ですが、一応注意しないといけないのが商標権です。

　そのため、商品名とブランド名は注意する必要があります。**出品する商品の名称やブランド名が商標権を侵害していないかどうか一応確認してください。**商標権に触れるようなことがあれば名称を変更しないといけなくなることがあります（P206〜）。

02

開始前に知っておきたいクラウドファンディングのスケジュール感

　クラウドファンディングでは、プロジェクトのスケジュール感を把握することが重要です。以下にメーカーと契約してから、プロジェクトを終了するまでのスケジュール感を示します。期間については目安程度に考え、メーカー担当者やクラファンのキュレーターと連携を取りながら確認してください。計画的に商品ページ(LP)作成、プロモーション、リターン配送を行いましょう。

クラウドファンディングのスケジュール感
❶プロモーションを行わない場合

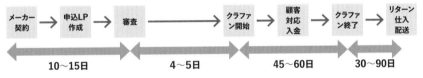

❷プロモーションを行う場合

　大きく分けると、クラファン開始前、期間中、終了後の3段階に分けられます。

❶ クラファン開始前

　クラファン開始前の準備としては、**クラファンサイトの選定、申請・審査、LP作成などがあります。**クラファンの事前告知を目的としたプロモーションを行わないにしても、LP作成とクラファン申請時の審査を含めて2〜3週間程度を考えておきましょう。事前告知についてはP320〜で詳しくお伝えしますが、広告経由でLINE公式アカウント登録を促し、クラファン開始までLINEで情報を配信するものです。見込み客に対する興味付けが必要なので一定期間が必要となりますが、3週間程度が目安となります。この間にプレスリリースなどを行うこともあります。プロモーションを行う場合は、クラファン開始までにだいたい1ヶ月程度必要になります。

❷ クラファン期間

　クラファンのプロジェクト期間については、Makuakeは最大89日(3ヶ月)まで設定できますが、妥当な期間は45〜60日(1.5〜2ヶ月)程度です。**この間に顧客対応や支援金の入金があります。**また、期間中もプロジェクトを周知するために広告を出稿したり、プレスリリースを出したり、継続的にプロモーションを行う場合もあります。

❸ クラファン終了後

　注文があった数だけメーカーに商品を発注します。**メーカーの納期を確認し、無理のないように工程を組んでリターン配送を行います。**

03

クラウドファンディングに向けた
メーカーとの最終交渉

　見積もりで利益が出ることを確認し、メーカーとの独占契約が成立した
ら、スムーズにプロジェクトを進めるため、次のことを確認していきます。

■ 納期の確認

　リターン配送時期は、遅延防止の観点からクラファン申請時にプラット
フォーム側から確認されます。しかし商品の納期がわからないと、リター
ン配送時期を決めることができません。

　**そのため、メーカーに製造期間がどれくらいなのかを確認するようにし
ましょう。**例えば製造期間1ヶ月であれば、2022年9月30日にクラファ
ン終了とともに商品を発注し、10月末に製造が終わって順次配送、11月
末には配送終了という段取りができます。このように、商品の納期を決め
ることでプロジェクトのゴールが決まります。あとは逆算してスケジュール
を決めていきましょう。

■ リターンの確認

　多くのプロジェクトではさまざまなリターンを用意していることが多いで
すが、これは割引率やセット売りなどの違いによるものです(P280～)。
Amazon販売のように色やサイズなどバリエーションの違いでリターンを設
定するのはおすすめしません。支援者がどれを選んだらいいか迷ってしまい、
離脱に繋がってしまうためです。例えばカラーバリエーションのある商品に
ついても、基本は1色だけ展開するようにメーカーに交渉するようにしま
しょう。ただ、靴などサイズ違いを用意することもありますが、その場合

は支援者を迷わせないためにバリエーションでリターン価格の差を付けないようにしましょう。

■ サンプル品の提供

　メーカーに提供してもらうサンプル品は、だいたい発注して1～3週間程度で届きます。サンプル品を提供してもらう目的は、検品と写真撮影の2つがあります。

❶ 検品

　不良品リスクを避けるため、サンプル品で見栄えや質感、機能性の確認をします。例えばデンタルフロスであれば歯に引っ掛かるか、糸が取れないかなど不良点がないことを確認していきます。検品しながら、商品の使いやすさや操作性、静音性、サイズ、重さといった機能的なベネフィットを確認して、LP作成に活かすようにしてください。

　輸入品であれば、クラファンサイト側にもサンプル品を提供して、性能テストをすることが必須ですが、国産品の場合は省略することも珍しくありません。サンプルの提出を省略できるのであれば、写真撮影を含めてLP作成に十分時間を作ることができます。

❷ 写真撮影

　輸入品のクラファンであれば、海外メーカーからLP作成用の写真や動画といった必要素材が送られてきたかと思います。しかし、国内メーカーは、海外メーカーのように素材がないことが多く、最初から用意しないといけない場合が多いです。

　サンプル品を提供してもらったら撮影する写真は主に2種類あります。**1つはブツ撮り(商品だけを撮影すること)、もう1つは商品を使用している写真や機能を示す写真です。**ブツ撮りに関しては、以下のように主にLPのトップサムネイル(キービジュアル)やリターンの画像などに使用します。一部スライドショー用の画像でも使用します。

ブツ撮りは主にトップサムネイルやリターン画像に使う

　一方で、商品を使用している写真は、主にLPの途中で商品の機能説明や使用感を伝えるために撮影します。

商品を使用している写真も必ず撮影する

　LPの構成を考える過程で、必要な写真がどんどん浮かぶので、写真撮影とLP構成は同時並行で進めていきましょう (Chapter5参照)。

　写真はご自身で撮影しても OK です。今ではスマホでもきれいに撮影でき、実際に私も iPhone で撮影した画像や GIF 動画を使っています。ブツ撮りに適した撮影ボックスを用意するのもいいでしょう (3,000 ～ 5,000 円程度で購入できます)。**自分で撮影する自信がない場合は、ココナラ、ランサーズ、クラウドワークスでカメラマンに依頼してもいいでしょう。**凝った写真でなければ、安価で外注できます。また、商品撮影専門の撮影ではバーチャルイン (https://photo-o.com/) もおすすめで、商品撮影からデザイン制作まで請け負うコースもあります。

バーチャルイン (https://photo-o.com/)

商品の使い方や機能を説明するには、**画像だけでなく動画を使ったほう**
が伝わりやすい場合があります。凝った動画を撮影する必要はなく、スマ
ホで撮った動画をYouTubeにアップしたり、GIF動画を使ったりなど、簡
単な方法で構いません。YouTubeにアップした動画は、主にトップサムネ
イルやLPのなかで使いますが、クラファンサイトであればLPに簡単に埋
め込むことができます。

　GIFとは、パラパラ漫画のように画像を連続表示したものです。スマホ
などで動画を撮影してMPEGをGIFに変更する方法と、撮影した静止画
を繋ぎ合わせる方法がありますが、いずれも無料で簡単にできます。その
ため、機能や使い方を伝えるために、クラファンLPでも多く使われます。
WindowsでもMacでも簡単に作成することができますし、無料のGIF作
成ソフトもたくさんあるので活用してみてください。

　通常の動画よりは容量が小さく、電波が悪くて見られないなどのストレ
スがないのがメリットです。とはいえ、容量の大きい画像を多用すると
GIF動画でも重くなることがあるので、各画像サイズには注意してください。

　GIF動画やYouTubeについては、類似商品で成功している案件をヒント
にして作ってみてください。簡単な動画でも、あるかないかで伝わり方が
全然違いますので活用するようにしましょう。

△ メーカーからサンプル品を実質無償で提供してもらう方法

　サンプル品の提供については、有償と無償の場合があります。**有償で**
あったとしても、「本発注するときは代金を差し引いてもらえませんか?」
と交渉してみてください。例えば仕入れ代金が10万円の場合、サンプル
品の提供が3万円かかったとしたら、支払う代金が7万円になり、実質的
な無償オファーになります。メーカーとは信頼関係を築くことが大事なの
で、無理にごねる必要もないですが、比較的浸透している商習慣なので交
渉してみてください。

■ プロジェクト中に類似商品を他販路で売らないように念押しする

プロジェクト中止を防ぐため、メーカーがバリエーション違いなどを他販路で売らないように一応伝えてください。クラファンに慣れていないメーカーは、「色違いなら良いか」と考えることもあるので、プロジェクト開始前に念押ししておくと安心です。

■ 商品名が決まったら商標を確認する

商品名やブランド名が先に登録されていないかどうかは、J-PlaPatで検索して確認するようにしてください。

●特許情報プラットフォーム「J-PlatPat」
(https://www.j-platpat.inpit.go.jp/)

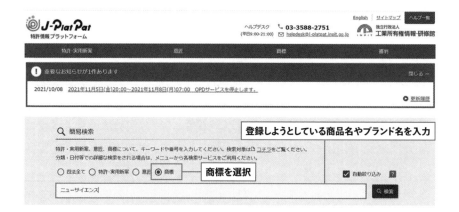

●検索結果が出てこなかった場合

```
          ❶ 他社の同一・類似の商標がないので商標登録可能
```

●検索結果が出てきた場合

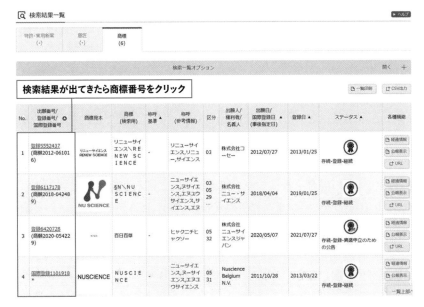

検索結果が出てきたら商標番号をクリック

↓

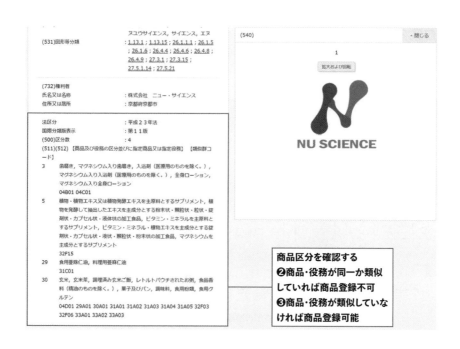

　なお、商品名が同じだからといって商標登録ができないとは限りません。**上記のように全然違う商品・役務(違う商品カテゴリー)であれば商標登録できます。**逆に同一もしくは類似の商品・役務の場合は商標登録ができません。例えば「中田村」という商品名のサプリメントがすでに商標登録されていても、「中田村」という家具であれば商標登録できます。サプリメントと家具は、誰が見ても全然違うので、同じ名前でも問題にならないというのが理由です。

　しかし、場合によっては一見違う商品・役務であっても類似とされて商標登録できない場合もあります。例えば家具と宝石箱は類似と判断されます。「中田村」というブランド名の宝石箱があれば、「中田村」という家具のブランドは作れないということです。

　また、商品名やブランド名が違っていても、似ていると判定されると商標登録ができないことがあります。例えば「JapaX」と「Japax」のような大文字と小文字の違い、「ビスカリン」と「ビスコリン」のように酷似した名称がNGとされてしまうことがあります。「でんでんむし」と「かたつ

むり」のように名称は全然違っても意味が一緒ということで商標登録NG
とされる場合もあります。

　商品・役務や類似名称の判断はややこしいところがあります。そのため、
J-PlaPatで微妙なケースが出てきたら、「知財ポータル」などの公的機関を
利用して無料で相談することが可能なので、利用してみてください。

知財ポータル
(https://chizai-portal.inpit.go.jp/area/)

　なお、プロジェクトが成功したら商標登録をした方がいい場合がありま
す。こちらについてもサポートできると、メーカーとの関係を構築しやす
くなります。詳細は『Amazon国内OEM完全ガイド』をご覧ください。

クラウドファンディングサイトの
選定基準

　メーカーと商品に関する最終確認をしながら、クラファンサイトの選定
をしましょう。星の数ほどあるクラファンサイトでも、選択肢はかなり絞
られます。まずはP017〜でお伝えした、Makuake、GREEN FUNDING、
CAMPFIRE、machi-yaのいずれかを選ぶことをおすすめします。

各クラファンサイトの特徴

	特徴	個人事業主	おかわり	手数料
Makuake	●どのジャンルでも満遍なく売れる ●女性ユーザーが近年増加 ●他より審査が厳しめ(国産品は比較的易しい) ●Makuakeストアが最近売れる	○	×	20%
GREEN FUNDING	●ガジェットやアウトドアに強い ●自社の広告運用するなら強い ●蔦屋家電に卸せることがある ●蔦屋書店のオンラインストアで販売できることがある	×	×	20% (※)
CAMPFIRE	●他に比べると若年層も多い ●イベント系のプロジェクトも多い ●おかわりクラファン可能	○	○	17% (※)
machi-ya	●CAMPFIREより審査厳しめ ●大手Webメディアで紹介される ●おかわりクラファン可能	○	○	25%
自社クラファン	●上級者向け ●自由度高い	○	○	0%!?

※紹介やキャンペーンで手数料が安くなる場合もあり

■ Makuake

　もっとも利用頻度が高いのが、物販系のプロジェクトに強いMakuakeです。**会員数が多いため、どのカテゴリーでも満遍なく多くの支援を集められる傾向にあります。**しかも最近は女性ユーザーが増加している傾向にあるため、女性向き商品がヒットすることも多くなっています。しかし、支援者だけでなく出品者が多いため、カテゴリーによっては競合となる案件も多い場合があります。あまり競合が多いカテゴリーであれば、GREEN FUNDINGやCAMPFIREで出品することも考えましょう。

　また、Makuakeは他クラファンサイトより審査が厳しく、特にLPの記載事項や商品仕様に関するエビデンスを求められる傾向にあります。しかし、これは輸入品の傾向であり、国産品はメーカーから提出されたエビデンスがそのまま使えるので、手間や費用がかからないことが多いです。そのため、国産品については、Makuakeの審査の厳しさは輸入品に比べればあまり問題にならないことが多いです。Makuakeは、マーケティングに関するノウハウやデータが蓄積されています。そのため、キュレーターがPRやメディア戦略などで手厚いサポートをしてくれます。ですから、クラファン初心者の方でも安心して取り組むことができるでしょう。

　プロジェクト終了後、Makuakeストアで商品を引き続き販売できますが、以前はあまり売れない傾向にありました。しかし、最近はMakuakeに対する認知が増えてきたこともあり、Makuakeストアでも売れるようになっています。特にメディアで掲載されるとバズって大きく売れることもあります。

■ GREEN FUNDING

　GREEN FUNDINGは支援者の層は30〜50代の男性が中心となる点は他と一緒ですが、特にガジェット系やアウトドア用品に強いところがあります。自社で広告運用する場合は効果測定ができるメリットがあり、うまく広告を活用すれば、Makuakeより支援額を伸ばせることもあります。

　一般販売については、GREEN FUNDDINGはTSUTAYAグループで

あるため、蔦屋家電に商品を卸せたり、蔦屋書店のオンラインショップに販売できたりすることがあります。GREEN FUNDINGは法人でないと利用できず、またMakuakeほど利用する機会は少ないところがあります。ただ、広告運用が得意な方や、Makuakeでは競合の多い商品の場合は、検討の余地が十分あります。

■ CAMPFIRE

CAMPFIREは流通量が多く知名度が高いですが、MakuakeやGREEN FUNDINGに比べるとイベント系のプロジェクトが多くあります。そのため、イベント系の支援者も多く、物販系のプロジェクトの支援が集まりにくいところがあります。**しかし、CAMPFIREはおかわりクラファンが可能です。**MakuakeやGREEN FUNDINGはおかわりクラファンが現状認められていないため、おかわりクラファンで利用するケースが多いです。

なお、CAMPFIREはMakuakeやGREEN FUNDINGに比べると20〜30代の若年層が多いところがあります。そのため、明らかに若い男女をターゲットとした商品であれば、CAMPFIREの出品を検討してもいいでしょう。しかし、若年層はイベント系のプロジェクトで利用している可能性があり、市場として適正か検証することも忘れないでください。

CAMPFIREのプロジェクトの傾向（CAMPFIREのサービス資料より抜粋）

調査期間：2019年9月1日〜2020年8月31日

ジャンル	件数
フード・飲食店	2,400件
まちづくり・地域活性化	1,759件
プロダクト・ガジェット	1,486件
音楽	1,156件
エンタメ	910件
ソーシャルグッド	861件
ファッション	560件

その他にも、起業・映画・スポーツ・アート・ビューティー・チャレンジなど多様な15ジャンル！

幅広いジャンルで利用可能！
目標金額：1万円〜、期間：2日〜80日間で実施できます。
※All-or-Nothing方式の場合は2日〜60日

■ machi-ya

CAMPFIREと同様、machi-yaもおかわりクラファン向きです。**machi-**

yaのいいところは、「ギズモード」「ライフハッカー」などガジェット系に興味のある読者が多い有名Webメディアに掲載されることです。メディアに掲載されることで、MakuakeやGREEN FUNDINGとは違う支援者層に商品を広めることができます。審査はCAMPFIREより厳しく、手数料も高いですが、メディア掲載で支援を大きく伸ばせることもあります。

machi-yaの仕組み

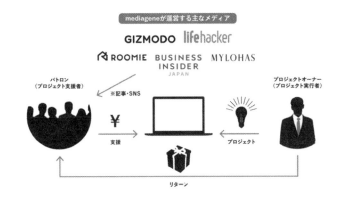

■その他（自社クラファン）

　これは上級者向けですが、今まで紹介した**大手クラウドファンディングプラットフォームを使わず、クラファンサイトを自分で作って売ってしまう、というやり方**も簡単に紹介します。実は、Shopifyなどでクラファン用のサイトテンプレートもあり、自作も難しくありません。

　自分で作ったサイトなので、**いつでも編集できるなど自由度が高く、広告が通ればかなり尖った表現も使えるメリット**があります。手数料がかからない分、広告費がかかりますが、FacebookやSNS広告などで集客に慣れていれば、手数料がない分大幅に利益率が改善します。

　最近、この**自社クラファンを使って千万、億単位を売る上級者も出てきて、必ずしも大手クラウドファンディングサイトだけではない別の選択肢の登場**と言えます。広告ができる方は、自社クラファンを検討してもいいかもしれません。

05

クラファン申請時に用意するものと確認事項

　クラファンサイトを選定したあと、申請時に自分で用意する必要がある
ものや確認事項をお伝えします。Makuakeを例にすると、プロジェクトの
申請時点では、次のようなことを記載して申し込む必要があります。細か
いところはキュレーターと相談して調整できますが、大まかには決めてお
きましょう。そのほうがキュレーターもさまざまな有益なアドバイスをして
くれます。

◆プロジェクト内容【必須】
　商品名や施設名・企画の情報などを具体的に記載してください。
　例）文字盤とバングルが取り外せ、ライフスタイルやその日の気分に
合わせて楽しめるメイドインジャパンの弊社オリジナル商品のリストウェ
アです。
　商品や施設・企画の特徴: ************************
　URL: ************************

◆プロジェクトの目的【必須】
　例）Makuakeで、新商品の先行予約販売を希望しています。

◆ご希望目標金額
　例）150万円

◆リターン案
　リターンとは、サポーターの方々にお礼としてお送りする商品になりま
す。

例)15,000円:完成した時計1個。

　　27,000円:完成した時計2個。

◆スケジュール【必須】

　・プロジェクト開始ご希望日:

　　例)20XX年 XX月開始希望

　・リターン発送ご予定日:

　　例)プロジェクト終了後3ヶ月後

===============

※Makuakeのプロジェクト掲載申し込みフォームより抜粋

■ 予算の確保

　利益計算して採算が合うことを確認したあと、改めて予算を確保できるかどうかは確認しておきましょう。**支援金が集まる前に必要となるお金は、仕入価格のうち前払いを請求された分(着手金)と広告費です。**お金を用意できなければプロジェクトが先に進まないことになるので、予算が確保できるかどうかはしっかり確認しておきましょう。

■ クラファンのスケジュール感

　P210〜でお伝えしたことを踏まえて、メーカーと確認しながら大まかなプロジェクト開始予定日やリターン配送時期を決めます。**LP制作やPR戦略、トラブル防止の観点から重要な点なので、キュレーターも確認します。**大まかにプロジェクトのスケジュール感を伝えて、キュレーターと調整するようにしましょう。

■ プロジェクト起案前の最終リサーチ

　ここまで、メーカー交渉前の商品リサーチ、交渉中の再リサーチについてお伝えしましたが、プロジェクト起案前にもう一度商品の再リサーチをしましょう。起案前の再リサーチの目的のひとつは、直近で類似商品が出品されてないかを確認するためです。

　メーカー交渉中に別の類似商品が出品されていれば、クラファンサイトの選定を検討し直す必要があるかもしれません。例えばMakuakeで出品するつもりだったが、類似のプロジェクトと被るのでGREEN FUNDINGに変えるといったものです。このように、メーカー交渉前のリサーチと傾向がずれていないか確認しましょう。

　もうひとつはLP作成の参考になるプロジェクトを探すという、今までとは違う観点です。参考にするLPを見ながら、類似商品が主にどの点で訴求しているか、類似商品とは違う魅力は何かを考えるためです。LP作成では、参考にするLPを探すのはとても重要なことなので、1〜3時間かけて探しても無駄にはなりません。次章でお伝えするLPの構成の型については知ったうえで、参考になるLPをいくつか見つけておくと、LP作成が非常にスムーズです。

■ 手書きでもいいので、LPの構成をある程度 考えておく

　次章でLPの構成や書き方のコツや型をお伝えするので、クラファン申請時に手書きでもいいのである程度LPの構成は考えておくことをおすすめします。具体的にはトップサムネイルのコピー、撮影した写真やイメージ、大まかな構成案です。

　申請の段階でLP案がなくてもいいですが、あったほうがキュレーターとの打合せがスムーズに進みます。キュレーターも訴求力の高いLPについて把握しているので、構成案を考えておくと様々なアドバイスをしてくれます。また、ある程度構成ができていると、LPはすぐに作れるので、余裕を持っ

てプロジェクトを開始できます。

手書きで書いたLPの構成

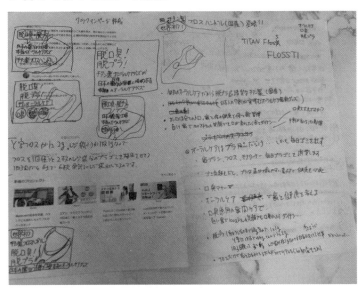

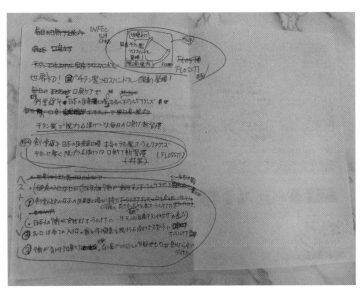

なお、手書きで書くメリットは、スマホで参考とするLPを見ながら、PCがなくても気軽に構成を考えられる点です。P029〜でお伝えしたように、支援者の半数以上はスマホで閲覧するので、スマホユーザーを意識してLPを作成することがおすすめです。

　とはいえ、スマホで参考LPを見て画面を切り替えてメモをするのは不便です。スマホとPC両方見て作業することもできるのですが、手書きのほうがカフェのなかでも手軽に作業できます。そのため、プロジェクト申請段階では手書きで構成を考えることもおすすめです。

■ その他の確認事項

　その他、以下の点についてプロジェクト申請の段階で大まかに決めておき、キュレーターとスムーズに打合せで相談できるようにしましょう。

> ●プロジェクトの大まかな内容や目的
> ●目標金額(初日で達成できそうな金額を目安とする)
> ●リターン案(現時点で考えているメニューすべて)
> ●商品カテゴリー/商品名

　詳細は、次章のLP作成で詳しくお伝えします。

■ クラファン申請前の事前準備ができたか　チェックしよう

　以上のことを踏まえ、クラファン申請前の事前準備ができているかどうかをチェックし、万全の状態でクラファンをスタートしましょう。

　最終チェックについては、エピローグ記載のQRコードを読み取って得られる特典のひとつ、「クラファン事前準備チェックリスト」を活用してください。

06

クラウドファンディング関連の助成金を活用しよう

　クラファンの利用は国も応援していることがあり、プロジェクトを立ち上げることで補助金や助成金を受けられる場合もあります。補助金や助成金は、融資と違って返済不要の資金調達手段なので、条件が合えば使わない手はありません。特に活用したいのが、東京都補助事業である以下の3つの補助金です（2022年時点。2023年以降変更可能性あり）。

●クラウドファンディング活用助成金
●クラウドファンディング再構築助成金
●クラウドファンディングDX助成金

　3つの助成金で共通するのは、手数料やLP作成費、広告費等の一部を支給することで、クラファン実行者のソーシャルビジネスの挑戦を促進することです。

【助成対象経費】
❶利用手数料、決済手数料、早期振込手数料（取扱CF事業者（※）から調達資金を受け取るために必要な手数料）
❷プロジェクトページを作成するための費用（プロジェクトページの文章・画像作成費用など）
❸プロジェクトの広報活動にかかる費用（SNS等によるWeb広告費用、実店舗での展示費用など）

※取扱CF事業者：A-port、BOOSTER、CAMPFIRE、GoodMorning、GREEN FUNDING、JAPANKURU FUNDING、kibidango、machi-ya、Makuake、MOTION GALLERY、READYFOR

東京都の管轄ですが、申請要件を読み取ると「東京都内で事業を行う計画を有する創業希望者・事業者を含む」とあるので、事務所が東京になくても申請可能です。そのため、実質的には全国の事業者が対象で、東京都にお住まいでなくても申請できます。申請条件を満たせば、審査されることなくほぼ100％助成金を支給できるので積極的に活用しましょう。いずれも予算の上限に達した場合、募集期限前に交付申請の受付を終了するので、早めに申請するようにしましょう。

　なお、各地方自治体にも類似の補助金や助成金があるので、お住まいの地域に合わせて確認するようにしてください。

クラウドファンディング関連の助成金の概要

	クラウドファンディング活用助成金	クラウドファンディング再構築助成金	クラウドファンディングDX助成金
助成率	1/2（新型コロナウイルス感染症対策特例は2/3）	2/3	2/3
助成限度額	40万円（新型コロナウイルス感染症対策特例は50万円）	50万円	50万円
申請要件	新製品・新サービスの創出に挑戦する者	❶事業の見直し・再構築にチャレンジし、事業の継続・発展を図る者 ❷2020年2月以降の任意の3か月の各月の売上高が、2020年1月以前の直近同月の売上高と比較し、それぞれ5%以上減少していること（※以下の図参照）。	IoT、AI、ロボットなどのデジタル技術を活用した新製品・新サービスの創出に挑戦すること

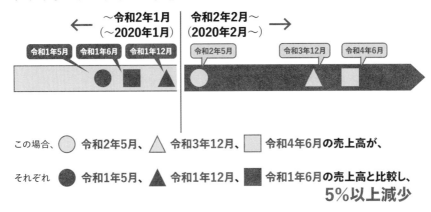

クラウドファンディング再構築助成金の申請要件

この場合、◯ 令和2年5月、△ 令和3年12月、▢ 令和4年6月の売上高が、

それぞれ ● 令和1年5月、▲ 令和1年12月、■ 令和1年6月の売上高と比較し、

5％以上減少

■ クラウドファンディング活用助成金の注意点

　同一申請者による各助成金の利用は、年度内1回に限ります。**つまり、1回に複数のプロジェクトを申請することはできないので、なるべく助成限度額上限に達するプロジェクトを選ぶようにしましょう。**

　また、同じプロジェクトで2つ以上の助成金に申請することも不可能です。例えばクラウドファンディング活用助成金とDX助成金両方に該当するからといって、同一のプロジェクトを申請することはできません。しかし、各々別のプロジェクトであれば、3つとも1回ずつ申請することが可能です（おかわりクラファンは不可）。

> 【申請可能な場合】
> Aプロジェクト⇒クラウドファンディング活用助成金
> Bプロジェクト⇒クラウドファンディング再構築助成金
> Cプロジェクト⇒クラウドファンディングDX助成金

【申請NGな場合❶】

Aプロジェクト⇒クラウドファンディング活用助成金

Aプロジェクト⇒クラウドファンディング再構築助成金

Aプロジェクト⇒クラウドファンディングDX助成金

（いずれか1つの助成金のみ申請可能）

【申請NGな場合❷】

Aプロジェクト⇒クラウドファンディング活用助成金

Bプロジェクト⇒クラウドファンディング活用助成金

Cプロジェクト⇒クラウドファンディング活用助成金

（いずれか1つのプロジェクトのみ申請可能）

【申請NGな場合❸】

Aプロジェクト⇒クラウドファンディング活用助成金

Aプロジェクトのおかわりクラファン⇒クラウドファンディング再構築助成金

（いずれか1つのみ申請可能）

Chapter 5

準備ができたら
クラファン
サイトに
申請しよう

クラファンの事前準備が整ったら、いよいよクラファンに
出品申請を出します。申請そのものは各クラファンサイ
トの申込みフォームに必要事項を記入していくだけで
す。しかし、申請の過程で商品ページ（LP）やリターン設
定など成果を左右する重要な箇所があります。
Chapter5ではLP作成やリターン設定の詳細をお伝え
してスムーズに出品申請できるところまで解説します。

クラファンサイトに
出品申請しよう

■ 申込フォームに必要事項を記入して
掲載申込をする

　Chapter4でクラファンの事前準備ができたので、いよいよご自身で選んだクラファンサイトへの出品申請を始めます。下図のように進み、あとは申込フォームに従って必要事項を記入していきます。

Makuakeのプロジェクト掲載申込方法

プロジェクト	人気のタグ	すべて見る ›	カテゴリー	
全てのプロジェクト	# 便利グッズ	# テクノロジー	プロダクト	ゲーム
New!	# レストラン	# 日本製	ファッション	演劇・パフォーマンス
もうすぐ終了	# ガジェット	# リュック	フード	お笑い・エンタメ
歴代応援購入ランキング	# 映画	# 音楽	レストラン・バー	出版・ジャーナリズム
今日のピックアップ	# プロダクト	# アウトドア	テクノロジー	教育
ふるさと納税型	# フード	# 子ども	コスメ・ビューティー	スポーツ
	# 会員制	# 文房具	アート・写真	スタートアップ
ストア	# 日本酒	# アニメ	映画・映像	地域活性化
	# ファッション	# 伝統	アニメ・マンガ	社会貢献
		# 腕時計	音楽	世界一周

❶最上部もしくは最下部にある
「プロジェクトを掲載する」をクリック

メニュー	オフィシャル	App
プロジェクトを掲載する	f Facebook	App Store からダウンロード
Makuake ガバメント	y Makuake_ca	Google Play で手に入れよう
ヘルプ	LINE@	
プレスリリース	Instagram	
お問い合わせ・取材受付		
Makuakeカイゼン目安箱		
採用情報		
Makuake Incubation Studio		

↓

片世...
開界の...
ちはだ

Makuake

事例紹介　イベント紹介　掲載申込　資料請求

新商品デビューなら
Makuake

アタラシイものや体験の応援購入サービス

Makuake

❷「掲載申込」をクリック

掲載申込はこちら →

資料請求はこちら　　直近開催のイベントはこちら

食パン1枚でサクッと作る
ホットサンドメーカー
POLYGON

体温で発電

GREEN FUNDINGのプロジェクト掲載申込方法

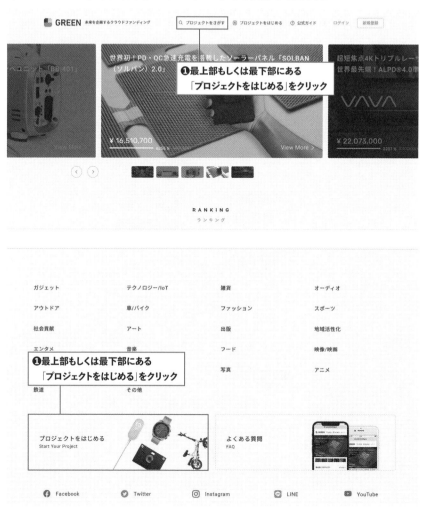

**❶最上部もしくは最下部にある
「プロジェクトをはじめる」をクリック**

なお、Makuake も GREEN FUNDING もこの時点では正確にはプロジェクトの申請というよりは、「起案の相談の申込み」という段階です。LP作成やリターン設定は、担当キュレーターから連絡があった後になるので、まだ完成していなくても問題ありません。

■ 遠慮なく担当キュレーターに頼ろう

各クラファンサイトでも、掲載の申込みが終わったら2〜3日程度で担当キュレーターから連絡があります。**キュレーターは、ただ申込み方法についてだけでなく「支援者代表」の立場で、もっと支援を集めるにはどうするか有益なアドバイスをしてくれます。** ターゲット設定や訴求点にズレがあれば指摘してくれることもあるので、LPの構成や画像を見せて相談することも可能です。「私はこう思うのですが、違っていたらアドバイスしてください」と遠慮なくキュレーターに意見を求めるようにしてください。

なお、2回目以降のプロジェクトで同じキュレーターが付くことも多いです。遠慮なくサポートしてもらいながら、良好な関係を築けるようにプロジェクトを進めるのが、中長期的なビジネス成功のコツです。

第一印象で決まる!
売れる商品ページ重要4大ポイント

　掲載申込みしてから担当キュレーターから連絡が来たあとに、実際にLP
の作成に取り組んでいきます。LPの作成にあたり、一番重要なパーツが
以下の4つです。下図は、Makuakeの例ですが、他のクラファンサイトで
もストーリー以外は同様です。

- ●トップサムネイル(キービジュアル)
- ●タイトル
- ●ストーリー(Makuakeのみ)
- ●本文書き出し(トップ直下に当たる箇所)

トップサムネイル、タイトル、ストーリー、書き出し(Makuakeの例)

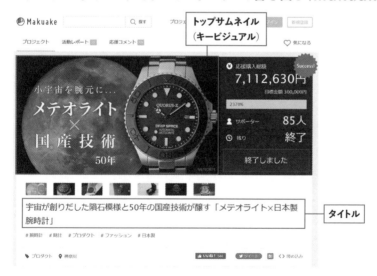

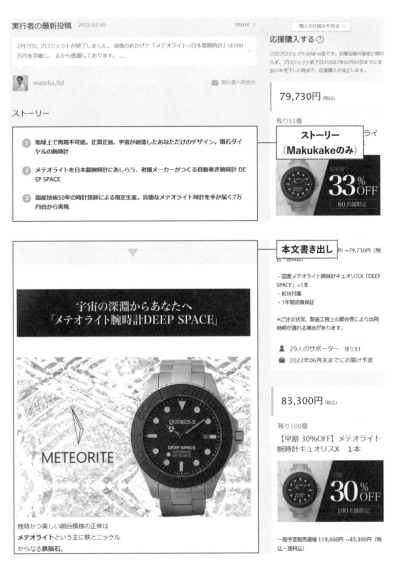

実行者の最新投稿　2022.02.09　　　　　more >　　　　　[購入の仕組みを知る ×]

2月7日にプロジェクトが終了しました。皆様のおかげで「メテオライト×日本製腕時計」は700万円を突破し、心から感謝しております。…　>

👤 matelia.ltd　　　　　　　✉ 実行者へ問合せ

ストーリー

① 地球上で再現不可能。正真正銘、宇宙が創造したあなただけのデザイン。隕石ダイヤルの腕時計

② メテオライトを日本製腕時計にあしらう、老舗メーカーがつくる自動巻き腕時計 DEEP SPACE

③ 国産技術50年の時計技師による限定生産。高価なメテオライト時計を手が届く7万円台から実現

宇宙の深淵からあなたへ
「メテオライト腕時計DEEP SPACE」

METEORITE

QUORUS-X
DEEP SPACE
AUTOMATIC
METEORITE

独特かつ美しい網目模様の正体は
メテオライトという主に鉄とニッケル
からなる**鉄隕石**。

応援購入する ⑦

このプロジェクトはAll in型です。目標金額の達成に関わらず、プロジェクト終了日の2022年02月07日までに支払いを完了した時点で、応援購入が成立します。

79,730円 (税込)

残り51個

ストーリー
（Makukakeのみ）

ライ

33%OFF
80名様限定

本文書き出し 円→79,730円 (税込・送料込)

・国産メテオライト腕時計キュオリスX「DEEP SPACE」×1本
・BOX付属
・1年間品質保証

※ご注文状況、製造工程等の都合等により出荷時期が遅れる場合があります。

👤 29人のサポーター　残り51

📦 2022年06月末までにお届け予定

83,300円 (税込)

残り100個

【早割 30%OFF】メテオライト腕時計キュオリスX　1本

30%OFF
100名様限定

一般予定販売価格 119,000円 →83,300円 (税込・送料込)

　この4つはLPの上位に配置されるもので、支援者が最初に見る一番重要なパーツです。**ここで支援者が「気になる」と思えばLPの続きをスクロールし、購入を促すことができますが、興味を持たれなければここで終わりです。**4つの要素は、全LPの2割くらいのボリュームですが、重要度が高いので2割の要素に8割の労力を投入しましょう。

■ トップサムネイル（キービジュアル）

4つのなかで最重要なのが、トップサムネイル（キービジュアル）の画像です。**LPの一番上に表示される、最初に目に飛び込んでくる項目です。**また、プロジェクト一覧表示画面でタイトルとともに他の商品と一緒に表示されます。そのなかで支援者にクリックしてもらうには、トップサムネイルで支援者に興味を持ってもらわなければいけません。そのため、トップサムネイルはもっとも時間をかけて考えるようにしましょう。

Makuakeの検索結果一覧画面

△トップサムネイル作成で超重要な4つのポイント

　トップサムネイルは、ターゲット層が伝わり、使っているシーンが想像できたり、悩みが解決できることを伝えたりする必要があります。LPを作成していくうえで、全体的に意識する点ですが、トップサムネイルを作成する時点で明確にしましょう。

❶ 商品の最大のPRポイントは何かを思い出す

　商品リサーチやメーカー交渉の時点で十分検討した商品のPRポイントについて整理しましょう。特に類似商品にはない商品独自のウリであるUSP（Unique Selling Proposition）を抽出してください。箇条書きで、USPに該当するところを書き連ねるのもいいでしょう。意外性や驚きがあるものほどインパクトがあります。

❷ ターゲットを再確認する

　P088〜のターゲット消費者深掘りシートを見直して、ターゲットを再確認してみましょう。ターゲット消費者深掘りシートの各項目を埋めていくと、次のことが明確になります。

---

❶どんな人が商品を使うのか？

❷いつ、どこで、どのように使うのか？

❸何を期待して、もしくはどんな不安を解決して商品を選ぶか？

　これは基本的には拙著『Amazon国内OEM完全ガイド』でもお伝えした通りです。上記のUSPを意識しながら項目を埋めてください。

ターゲット消費者深掘りシート

「誰に」		どんな人が商品を使うのか?
「何を」		
いつ(T)		
どこで(P)		いつ、どこで、どう使うのか?
どうやって(O)		
期待		何を期待して、もしくはどんな不安を解決して商品を選ぶのか?
不安		

　例えば、以下のキックボード付きのスーツケースでは、次のように記載を埋めていきます。ターゲット消費者深堀りシートを埋めてみると、重くて大きなスーツケースと一緒にキックボードで快適に移動しているのが想像できないでしょうか? このように、ターゲット層や商品を使っているシーンを明確にすることでイメージが湧いてきます。

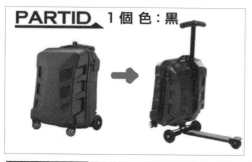

「誰に」	重い荷物を持ち運び旅行者や出張に行く会社員
「何を」	キックボード付きのスーツケース
いつ(T)	旅行や出張などの移動中
どこで(P)	空港や駅など
どうやって(O)	重い荷物をスーツケースに入れて
期待	重いスーツケースを持ってもラクラクと快適に移動したい
不安	・荷物が重い ・スーツケースを運びながらの移動は疲れる ・スーツケースが思い通りに動いてくれない

❸ 文字を詰め込みすぎないこと

　注意点は、画像中の文字（キャッチコピー）を詰め込みすぎると、ごちゃごちゃして離脱される可能性が高くなることです。**なるべく画像で利用シーンを表現し、下図のようにキャッチコピーの文字数は少なめに、大きく見せましょう。**スマホでもパッと見でキャッチコピーが読み取れるくらいが目安です。表現しきれないことは、商品タイトルや、Makuakeのストーリー、スライドショー画像などで伝えるようにしましょう。先のキックボード付きのスーツケースでは、ターゲット消費者深掘りシートを踏まえて、以下のトップサムネイルとしています。

トップサムネイルの例

　なお、画像のデザインを発注する際は、上記のターゲット層のイメージをしっかり伝えるようにしましょう。できれば、トップサムネイルの画像などは手書きやパワポで簡単に作っていいのでイメージをしっかり伝えてください（P292〜参照）。

❹ 動画を挿入する場合のトップサムネイル画像作成のコツ

　動画については、LP本文中だけでなく、トップサムネイルの位置にも挿入することができます。ただ、その場合は、以下のように真ん中に再生ボタンが表示されます。これをタップすると動画が再生される仕組みです。以下はMakuakeの出品の例ですが、他のクラファンサイトも同様の位置に表示されます。

　画像作成時は、下図のように再生ボタンを避けるように商品や文字を配置する画像にすることをおすすめします。マストではないのですが、再生ボタンを避けたほうが見る方にとってストレスがありません。テクニックとして知っておいてください。

　例を挙げると、下図は実際のiPadスタンドカバーのLP作成例のビフォーアフターです。ビフォーの写真は肝心のスタンドカバーが隠れているので見ていてストレスを感じます。しかし、アフターの写真のように、画像、文字ともにうまく再生ボタンを避けることで、ストレスなく商品のイメージができます。

再生ボタンを避けたほうがストレスなく読める

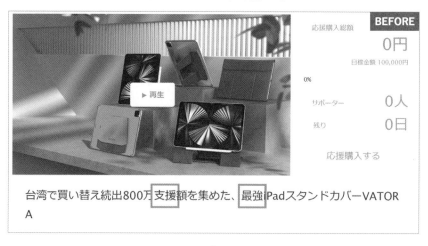

△ トップサムネイル画像の事例

　トップサムネイルは、他にも例をいくつか紹介しますので参考にしてください。

エアコン用制菌フィルターのトップサムネイル例

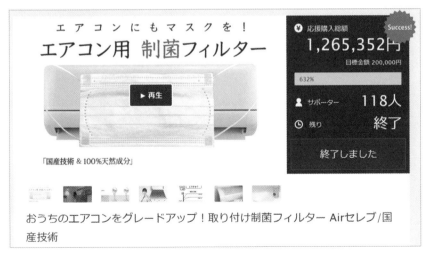

アウトドア用歯ブラシセットの例

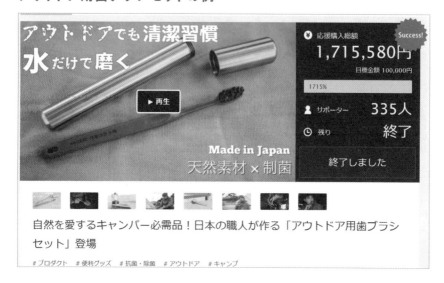

自然を愛するキャンパー必需品！日本の職人が作る「アウトドア用歯ブラシセット」登場

自宅浴槽用のサウナ傘の例

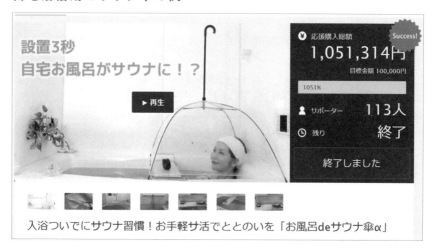

入浴ついでにサウナ習慣！お手軽サ活でととのいを「お風呂deサウナ傘α」

△ トップサムネイルと同じ位置にスライドショー画像や動画も入れる

LPのトップサムネイルの位置には、動画やスライドショー画像を埋め込むことができます。**これらを活用して、LP本文を読まなくても支援者に**

商品を具体的にイメージしてもらうことができます。

　実際の商品の利用シーンや利用者のワクワク感、使い方の説明をするな
ら、動画が一番伝わりやすいです。目安としては10秒～1分くらいで、
LPで掲載したことのなかで重要なことを抜き出すようにしてください。そ
のため、商品にもよりますが、なるべく動画は早い位置に挿入するように
してください（GREEN FUNDINGはスライド画像の仕様がありません）。

トップサムネイルの位置に埋め込まれた動画

　また、スライドショー画像とは、トップサムネイルと並べて、スライド
して閲覧できる画像のことです。Amazonでも商品画像をスライドすると、
商品の魅力や機能説明を示した画像が数枚出てくることがありますが、そ
れと似たような機能だと思ってください。Makuakeはトップサムネイル含
めて7枚、CAMPFIREやmachi-yaは5枚まで挿入可能です。

　LP本文で使用した画像と重複してもいいので、なるべく使用するように
しましょう。**ただし、できればLPの内容を視覚化できるように、商品の
魅力が十分伝わる画像を選んでください。**特にMakuakeはGIF画像も利
用できるので、スライドショーだけで商品の機能や使い心地が伝えること
もできます。なかにはLP本文を見ないで、トップで購入を決める支援者
もいます。『Amazon国内OEM完全ガイド』で解説したAmazonの画像

作成のコツを応用する形でスライドショー画像を作ってみてください。

スライドショー画像

タイトル

　トップサムネイルの次に大切なのがタイトルです。タイトルも商品検索画面に出てくるところで、支援者に興味を持ってもらうためにはとても重要です。ただ単に商品名やカテゴリーだけでなく、以下のようなことが伝わるようなタイトルにしましょう。

●ターゲット層

●悩みが解決できることやワクワク感

●他製品との違い

●「自分と関係あるかも」と思えること

●機能や素材のウリやトレンドのキーワード（チタン製、NASA、国産、燕三条など）

●商品やメーカーの強い実績・権威性（創業〇年、テレビで紹介、前作
〇〇万円の支援など）

　しかし、長すぎるタイトルは禁物です。Makuake や CAMPFIRE、
machi-ya は文字数が 40 文字の制限がありますし、GREEN FUNDING
は文字数制限がないですが、長すぎると商品内容が読み取れません。
　そのため、トップサムネイルで伝えきれなかった PR ポイントをタイトル
で表現することを優先してください。トップサムネイルもタイトルも制限
があるなかで、表現が重複するのはもったいないです。以下に実際のプロ
ジェクトの商品タイトル例を挙げます。

●宇宙が創りだした隕石模様と50年の国産技術が醸す「メテオライト×
日本製腕時計」
●【220個限定】大人の腕元にふさわしいアイスブルーのラグジュアリー
ウォッチ
●スマホが除菌アイテムに!UVCライトであるゆるものを除菌する「ピ
カッシュII」
●3秒でスーツケースがキックボード!?旅行の移動をエキサイティング
に!PARTID
●360度3D除菌。毎日の清潔習慣を丸ごと入れるだけに。UV除菌バッ
グ
●簡単取付でおうちの水道水の洗浄力と除菌効果UP!マイクロナノバ
ブル発生器
●3000万円を販売した真空パック機の最新作 真空保存で食品期限を
3~5倍延ばす 特売の小分け／キャンプ飯／食べかけスナックの保存に

■ ストーリー（Makuakeのみ）

　ストーリーは、LPのトップサムネイルとタイトルの直下に表示される3つの箇条書きの項目で、Makuakeだけの機能です。LP本文を要約した内容や、トップサムネイルやタイトルで表現しきれない魅力を記載します。そうすることで、取りこぼしなく冒頭で商品の魅力を十分伝えることができます。

ストーリーの記載例

ストーリー

① 片手3秒でキックボードに！重い荷物もラクラク♪旅行での移動の苦痛をキックボードでFUNな時間に

② 安定の3輪で初心者OK！人間工学設計グリップ。ブレーキ＆衝撃吸収システムで操作性と安全性を重視

③ 機内OKで4泊分40L、静音4輪、TSA、防水！何より知ってしまったら買わないと後悔するかも!?

　Makuakeに限定した機能ですが、GREEN FUNDINGやCAMPFIREでも手入力で箇条書きを入れることで、ストーリーに似た活用ができます。もし訴求点やPRポイントがたくさんある商品であれば、このように箇条書きで羅列してもいいでしょう。

■ 本文書き出し（トップ直下）

　トップサムネイル、タイトル、ストーリーで興味を持った支援者は、ほぼトップ直下の本文書き出しに目を通します。本文書き出しでは、支援者をさらに興味付けし、期待感を高めていきましょう。

△ 権威性

　商品ブランドやメーカーの強い実績や歴史、テレビや雑誌の掲載実績などの権威性は、支援者の大きな信頼性の獲得につながります。また、類似商品との大きな違いにもなります。**強い実績がある場合は早めに伝えるようにしましょう。**インパクトが強ければ、トップ画像やタイトルにも表現するようにしてください。

　ただし、必ずしもLPトップの直下に掲載しないといけないわけではなく、商品によっては後半に記載しても構いません。

【権威性の例】
- 創業〇〇年
- 同ブランド（前のモデルなど）商品の支援者の声
- 同ブランド商品のクラファン実績（前作は〇千万円の支援を獲得!等）
- 同ブランド商品の受賞実績
- 先行モニターの感想
- テレビや雑誌の掲載実績（活動レポートでも可）
- 有名人が愛用している
- 凄腕の職人が作っている（その道〇〇年、日本に〇人しかいない、〇〇賞受賞等）
- 圧倒的な技術力（NASAの技術、燕三条の職人が……、大手〇〇メーカーが開発した）

△ 問題提起（支援者の悩みや願望）

　下図のように箇条書きやセリフでいいので、支援者の悩み・不安や願望を表現します。「こんなお悩みありませんか？」「こんな方におすすめです」といったもので、支援者に「これは自分に関係する話ではないか」と自分事として捉えてもらえます。とはいえ、過度に不安を煽っても逆効果になるので「そうなんだよ！」と思ってもらえれば十分です。

問題提起の例

3秒でスーツケースがキックボード！？旅行の移動を
ARTID

キックボード付きのスーツケースを欲しがる人の悩みやワクワクは……

→

■3000万円販売した真空パック機の最新作
食品期限を延ばし、食品ロスを17万円削減

真空パック機を欲しがる人の悩みやワクワクは……

→

長文を書けなくても無理なく売れる
商品ページを作る方法

　LPトップの項目と本文書き出しで支援者の興味と期待感を高めたら、LP本文で商品の魅力を具体的に証明し、不安と疑問を潰して購入を促していきます。

　本書では、長文を書くことが苦手な人でも無理なくLPの本文を書けるように、次のステップでお伝えします。クラファンのLPを見ると、「こんなに長く書けるか！」と思うかもしれません。しかし、次のように作っていけば悩まずにLPができあがります。

---

❶ 商品の強みや特徴を整理して情報のブロックを作る

❷ 作ったブロックを順番に並べる

❸ 整理する（重複する情報を削除したり、繋ぎの文章を入れたりする）

■ ❶商品のウリや使用するメリットを整理して
　情報のブロックを作る

　まずは、一から長文を書こうとせずに、商品の強み（USPやメリット・ベネフィット）を1個1個抽出して情報のブロックを作ります。ブロックとは、下図のように「1見出し＋1画像（もしくはGIF画像、動画）＋2〜5行程度の文章」で構成されたものと考えてください。適宜画像や動画を挿入することで、支援者はテンポよくLPを読み進めることができます。購買意欲を高める情報を取りこぼしなく抽出することが目的なので、順番はまだ考える必要はありません。内容が重複しても、あとから削除やグルーピングをすればいいので気にする必要はありません。

1ブロックの構成

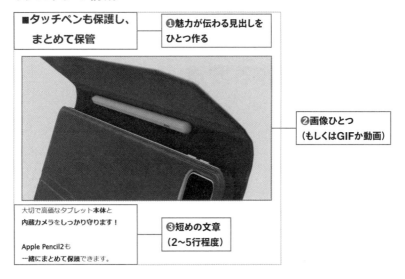

見出しについては、以下のようになるべく支援者にとってのメリット、類似商品にはない魅力が伝わるように記載します。

見出しの例

NG例	OK例
3つの角度+6cmの高さ	3つの角度+6cmの高さで動画視聴を快適に
タブレットが固定される	ペンで書いても揺れないブレない
圧倒的な13ポジション	圧倒的な13ポジションで操作をストレスフリー
コンパクト&スリム	持ち運びもスマート コンパクト&スリム

画像は、本文に合った画像を選ぶようにしましょう。写真だけでなく、説明図（比較表、機能一覧など）も1つの画像と考えてください。

また、実際に商品を使っている様子を見せるためにも、画像の代わりにGIF画像や動画も必要に応じて使いましょう。特にGIF画像は再生ボタンがなくても自動的に動くので、自然と動きを見せることができますし、動画より作成が簡単です。

以前はGIF画像や動画があまり多すぎるとページ全体が重くなることがありましたが、5G環境下では相当の容量にも耐えられます。今後動画が中心になることも踏まえ、スマホの通信速度で確認して問題なければ大丈夫です。

△ 商品の利用シーン

問題提起を行った後、実際の快適な利用シーンを表現し、期待通りの商品であることを示します。**具体的には、例えば下図のように、どんな場面で利用され、支援者がどんなメリットを得られるかを抽出します。**以下のタブレットのスタンドカバーであれば、次のようなことを抽出して、各見出し、画像、短めの本文を構成していきます。

	どんな場面で？	どんなメリット？
ブロックA	動画視聴（ドラマなど）	角度を気にすることなく楽しみたい
ブロックB	リモート会議、オンライン授業	角度を気にすることなく参加したい
ブロックC	ペン作業	ブレないのでストレスがない
ブロックD	電子書籍で読書	片手にコーヒーを飲みながら楽しめる
ブロックE	対面での打合せ・会議	資料の共有がスムーズにできる
ブロックF	キッチン	キッチンでレシピを確認しながら料理できるし、動画も楽しめる

■3つの角度＋6cmの高さで
　動画視聴を快適に

窮屈な角度を気にせずドラマを楽しみたい
40度、60度、70度の3つの角度で
動画視聴のみならず、
リモート会議、オンライン授業も
スマートかつノンストレス！

■ペンで書いても
　揺れないブレない

タブレットスタンドでペン作業する
と揺れたりブレて作業できない…
そんなストレスもフリーに

描画に最適な角度で文字でも

■これが欲しかった！
タテ６０度直立読書モード

電子書籍や文書を快適に読むために
ありがちな両手が塞がる不便を感じませんか？

片手にコーヒーを飲みながら
読書をどこでも楽しめます。

また1秒で横向きにすることも可能！

■新たなスタイル
回転 会議シェアモード

対面時の資料共有で不便を感じませんか？

1秒で290°回転するシェアモードを搭載！

情報共有をスマートに
コミュニケーションがより円滑に！

△ 商品の特徴・機能説明

　次に、商品の特徴、機能を解説して、商品の魅力を取りこぼしなく抽出します。トップで伝えきれなかった副次的な機能も含め、商品の特徴に関するブロックをたくさん作っていきましょう。**ここでも、支援者にとってメリットと思えることを抽出してください。**商品リサーチやメーカー交渉のときを思い出しながら類似商品との違いも表現しましょう。次の例のように商品の特徴をすべてピックアップして、ブロックを作ってください。場合によっては比較表を作るのもいいでしょう。

商品の特徴・機能説明のブロック例

	どんな特徴？	どんなメリット？
ブロックG	大きさ	小さくてかさばらない
ブロックH	重さ	軽いから持ち運び楽チン
ブロックI	厚さ	薄いからかさばらない
ブロックJ	耐荷重	しっかり保護してくれる
ブロックK	充電	連続○時間使える
ブロックL	耐熱性	キャンプでも十分使用可能
ブロックM	防水性	水に落ちても安心

ブロックN	収納性	服も小物も収納が充実
ブロックO	多機能性	調整が自由自在だからストレスフリー
ブロックP	材質	〇〇の材質だから頑丈
ブロックQ	〇〇力	水道水の倍の洗浄力で農薬と化学物質を効果的に除去
ブロックR	価格的メリット	消耗品ではなく繰り返し使えるので年間〇万円節約
ブロックS	他商品との違い	※比較表で示す

商品の機能説明とメリット

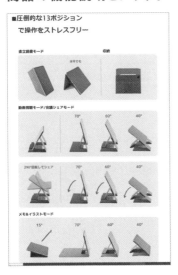

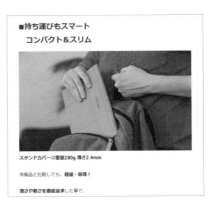

比較表

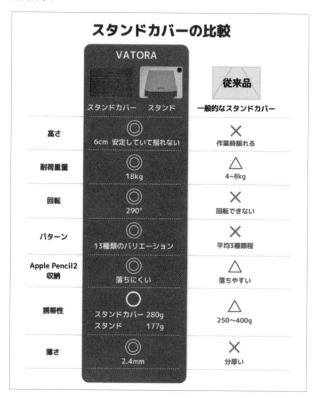

△商品の使い方

　商品をどのように使うか、図やGIF画像、数十秒程度の動画などを使ってわかりやすく説明しましょう。使い方がわかりづらいと、それだけで離脱されます。いかに取扱いが簡単で、すぐに使えることをPRしてください。取扱いが簡単なもの（工具が不要など）ほど購買意欲が高まります。なお、商品の使い方といっても、取付けや組立て方法だけでなく、次のことも含まれるので、支援者が気になりそうな点は抽出してください。

```
┌─────────────────────────────┐
│ 【主な商品の使い方】        │
│ ・取付け方法                │
│ ・商品の組立て方法          │
│ ・高さや角度の調整方法      │
│ ・使用後の洗い方や片付け方  │
│ ・充電時間                  │
│ ・保管方法                  │
│ ・メンテナンス方法          │
└─────────────────────────────┘
```

簡単に使えることをPRしながら使い方を説明

MiniBle Q 取り付け方法

取り付け超簡単！工具を使用しません。

まず、《泡沫金具》を取り外した部分が取り外せます。

そして、ミニブルQをくるくる回すると、気軽にマイクロナノバブルの作用を実感していただけます。

※備考

1）水圧が極端に低い地域では、水の勢いが悪くなり、マイクロナノバブルが発生しない可能性があります。

2）節水率は地域によって効果が出にくい場合があります。

GIF画像や短めの動画を使って簡潔に説明する

■ ❷作ったブロックを順番に並べる

　取りこぼしなく必要な情報を抽出してブロックを作ったら、次は並べ替えて、問題提起（P268〜）の下に下図の並べ方を基準として順番に配置してみます。

LPの基本構成

☆LPトップの項目（P263〜269）
トップサムネイル（キービジュアル）、スライドショー画像や動画
↓
商品タイトル
↓
ストーリー（Makuakeのみ）
↓
権威性（LP本文に内包しても可）
↓
問題提起（支援者の悩みや願望）

☆LP本文❶（P269〜276）
「商品の利用シーン」「商品の特徴・機能説明」「商品の使い方」で次の点を意識して並べ替える
❶支援者が欲しいと思える優先度の高い情報ほど上に配置する
❷類似の情報や関連性が高い情報はグルーピングする

☆LP本文❷（後述：P277）
商品仕様・注意事項
↓
Q&A
↓
実行者紹介
↓
リスク&チャレンジ

　❶で支援者が欲しいと思える情報を優先して上に配置するのは、支援者はLPを上から順番に読んで、下にいくほど離脱されやすくなるためです。そのため、優先度の高い情報を上に配置して、早めに支援者の心をつかんでおくことが重要です。

　❷については、類似や関連性の高い情報をグルーピングして、ひとつの話にまとめてしまうことです。利用シーンに関する話や支援者が魅力に感じる機能をひとまとめにしたり、比較表のあとに詳細の機能説明を挿入したり……。関連性や話の流れを意識します。

❸整理する

　並べ替えたら、支援者がスムーズにLPをスクロールして情報を読み取れるように整理します。作ったブロックをそのまま並べ替えてみたら、一度通読してみておかしなところがあれば修正していきます。具体的には次のようにして整えていきます。利用シーンや機能説明、使い方の説明に関してはLP全体の6〜7割を占めますが、この手順を踏めば時短で作業ができます。

●重複しているブロックはどちらかを削除するか、ひとつのブロックにまとめる

●ブロックとブロックの間で繋ぎの一文や写真を入れてみる

●図や表にまとめられないか考えてみる

■ LP後半の掲載事項

ここまでできたら、LPは8〜9割完成と言えます。最後に、実行者やメーカーの実態を示して信頼を得たり、商品の買わない理由を潰したりするために、次の項目を順番に掲載してください。

△ 商品仕様・注意事項

商品スペックを表で記載し、商品使用上の注意事項を簡単に記載します。こちらは、メーカーから提供されるカタログ情報などから引用することで問題ありません。

商品仕様・注意事項

バルティード-PARTID- のスペック

バルティード-PARTID　スペック

商品名	バルティード-PARTID- スーツケース × キックボード	
サイズ	収納時 / 幅 350mm× 高さ 520mm× 奥 250mm	
ロック	TSA ロック	スーツケース容量：40L
重量	5.8KG	材質：純 PC
車輪	PU 車輪 + 360 度回転ユニバーサル輪キャスター	
保証期間	・車輪：半年　・スーツケース：一年間	

注意事項

本製品は一人乗りです。二人以上では乗らないでください。

健康状態がすぐれない場合は、すぐに使用を中止してください。

その他、法規やマナーを守ってご利用いただき、安全で楽しい旅行をしてください。

・キックボード・モードでの公道利用は利用はできません。

・アルコールを摂取後の使用はおやめください。

・スピードの出し過ぎは大変危険です。コントロール可能な範囲でお使いください。

・急カーブでの走行、無謀な運転はおやめください。

・急な上り坂、下り坂での使用はおやめください。

・念のため未成年の利用はお控えください

・バルティードを知ってしまった以上、手に入れないと後悔するかもしれません♪(笑)

△ Q&A

　支援者が疑問に思うことに対してあらかじめ回答し、買わない理由を潰していきます。支援者が疑問・不安に思うことを抽出して回答することで安心して購入してもらえますが、最低限必要な方法で大丈夫です。以下の観点で考えると、取りこぼしなく必要なQ＆Aを掲載することができます。

●類似商品を扱っているプロジェクトのLPのQ&Aを参照にする
●メーカーに「注意事項はなんですか?」「〇〇のときは使えますか?」「〇〇機能はありますか?」「お手入れ方法は?」など想定される質問回答を確認する
●LPの重要な要点を記載する(「どんな商品ですか?」「どんな効果がありますか?」など)
●LPで書き切れなかったことを掲載する
●保証期間について簡単に掲載する

　なお、Q＆Aは買わない理由を潰すことが目的なので、ネガティブな回答よりはなるべく次のようにポジティブな回答を心がけてください。

【よくある質問回答例】
Q:〇〇には使えますか?
A(NG回答):〇〇には使えません。
A(OK回答):〇〇には使えません。ただし、△△で使用する際には最適な仕様となっております。

Q:〇〇を設置するために器具や設備は必要ですか?
A(NG回答):△△と□□が必要です。
A(OK回答):△△と□□が必要ですが、ご自宅にあるものや百均で売っているもので十分です。△△を□□で貼り付ければ簡単に設置できます。

△ 実行者紹介

　実行者紹介は、支援者に実行者の実態を示して、安心感を与えるために掲載します。実行者がわからないと、「トラブルがあったら対応してくれるのか？」「そもそも品質は大丈夫なのか？」と不安になります。

　実行者紹介で掲載する内容は、次の3点です。ただ、支援者の購買意欲にはあまり影響はないので、簡潔に書いて問題ありません。また、❶❷については他プロジェクトでもコピペして使うことができます。

❶ 実行者の写真

　各クラファンサイトには、アイコン用のプロフィール画像の提出が求められます（P260）。プロフィール画像についてはアイコンだけでなく、LPの実行者紹介にも掲載しましょう。ホームページで使用している写真のなかから選ぶといいでしょう（P260）。法人化している方は、プロフィール写真の他、会社のロゴを付けても良いです。

❷ 簡単な自己紹介

　プロフィール写真の他、簡単な自己紹介を記載します。これも会社のホームページの代表挨拶・プロフィールをもとに、簡単に自己紹介を書いてください。また、事業に対する想いや未来の展望があれば、それも書くといいでしょう。ホームページで掲載したプロフィールや写真は、対メーカーだけでなく、対消費者、対卸先にも通じることなので、Chapter2 でお伝えした内容を考えるようにしましょう。

❸ 商品に対する想いを書く

　商品をどんな想いを込めて作ったか、どうしてこの商品を作ろうと思ったかといった作り手のビジョン・ミッションを交えながら書いていきます。このような作り手の想いに人は引き込まれますし、商品に対する信用度アップにも繋がります。

　ここは自分の想いではなく、メーカーの紹介にしてもいいでしょう。メー

カーに開発に至った経緯や、どんな想いで開発したかをインタビューしてみるのもひとつの手です。その際は工場の写真や製作工程、従業員の集合写真、会社の外観の写真などを載せて、いかにこだわりを持って丁寧に作ったかを伝えることもおすすめです。

実行者紹介記載例

❶実行者の写真
（会社のロゴもあって
OK）

はじめましてプランナー田村と申します。ページをご覧頂きありがとうございます。

当社は2008年に創業以来『埋もれた逸材を世に出す会社』をコンセプトに、より良いものがきちんと世に生み出され広がることを応援する仕事をしております。

通算2000件以上の逸材（ヒト/モノ）のプロモーション、プランニングに関わるプロとしての経験を活かし、今回のDEEP SPACEのプロジェクトを実現いたしました。

❷ホームページの代表挨拶やプロフィールを参考に自己紹介

DEEP SPACEは、その名の冠する**深宇宙の象徴**であるメテオライトの強い個性を失わずに、**スーツ姿などのフォーマルな仕事着にも**プライベートな**カジュアルにも**使える腕時計として生み出されました。

長い構想期間を経て、**東洋のスイス**と呼ばれた長野県諏訪地域の老舗のメーカーとタッグを組み、**希少なメテオライト**を使った**国産自動巻き腕時計をお手頃な価格で**実現しました。

身に着けていただける方の生涯のアイテムとして、**大切なパートナーへの一生モノの贈り物**に自信をもってお届けいたします。

ぜひ、応援いただけましたらと思います。
よろしくお願いいたします。

❸どんな想いで開発し、出品したかを記載する

商品を作っている過程を示す

DEEP SPACEの製造は
東洋のスイスと呼ばれる諏訪地域で
創業50年以上の老舗時計メーカー
南安精工社がおこないます。

熟練の時計技師がその組立技巧を活かし、
更に部品性能を高めながら
一つずつ丁寧に手仕上げします。

長く愛用頂ける腕時計、
購入後の**アフターフォロー**も
安心してお任せいただけます。

△ リスク&チャレンジ

　プロジェクトを実施するにあたり、事前に考えられるリスクや課題、対処方法などを書いていきます。特にMakuakeではLP本文とは別枠で記入欄が用意され、必須の記載事項（500文字以内）です。ただ、国産品に対するリスク&チャレンジは、以下のように記載すれば問題ありません。

【リスク&チャレンジ記載例文】
私たちは「〇〇〇〇〇（商品名）」を予定通りお届けできるよう迅速且つ丁寧に進めるよう最善の努力を尽くしますが、事情により止むを得ずお届けが遅れる場合があります。予めご了承ください。

・使用感などに関しては、感じ方に個人差が予想される製品でございます。そのため、使用感等に関する返品・返金はお受けいたしかねます。
・開発中の製品につきましては、デザイン・仕様が一部変更になる可能性もございます。

・本プロジェクトを通して想定を上回る皆様からご応援を頂き、現在進めている環境から量産体制を更に整えることができた場合、正規販売価格が予定している販売価格より下がる可能性もございます。

・ご注文状況、使用部材の供給状況、製造工程上の都合等により出荷時期が遅れる場合があります。

■【補足❶】LP本文作成の2つのコツ

ここまで、LPの基本構成についてお伝えしましたが、LPの本文を作るうえでのコツを2点ほどお伝えします。

❶ 適度なボリュームのLPを作成しよう

全般的にLPの文字数が少ないとプロジェクトの成功率は低いと言われています。無駄な情報は必要ないですが、文字数が少ないLPの大半は情報量が足りない、作り手の想いが伝わってこないことが多いためです。

CAMPFIREのデータによると、目標達成しているLPの文字数は8,000文字前後が多いとされています。あくまで目安ですが、必要な情報は取りこぼしなく抽出してください。そして、単に商品の仕様を書くのではなく、商品で得られる体験や価値を中心に記載してください。

❷ 流し読みする人がイメージできるように意識しよう

LPを読む支援者には、大きく分けて「LPを読む人」と「LPを見る人」に分けられます。LPを見る人とは、小説のようにじっくり読むのではなく、スクロールして流し読みして購入するかしないかと決める人です。

ポイントは、この流し読みする人でも内容を何となく理解できるように、視覚を意識することです。特にスマホユーザーが読むことを意識するようにしてください。例えば、サラリーマンであれば通勤電車の中、昼休憩をしているとき、寝る前、主婦であれば家事が落ち着いたタイミングです。この点を踏まえて、次のことを心がけてください。

●文字だけでなくて画像や動画を挿入してテンポよく読めるようにする
●文章の改行はスマホ画面を意識して、不自然にならないように（※1）
●トップサムネイルなどの商品画像はスマホで見やすいサイズにする
●見出しに太文字、赤字などを使い、ベネフィットになる箇所を強調する
●「文章だけで説明完結」&「画像だけで説明完結」するように（※2）

（※1）：以下のLPのように一文の途中で改行して、スマホで読みやすくするのもひとつの手です。ただ、この際は不自然な改行にならないように注意してください。

例:その理由の半分は、「食品の鮮度低下」や「腐敗・カビの発生」です。
⇒その理由の半分は、
「食品の鮮度低下」や「腐敗・カビの発生」です。

文章の途中で改行してもいい

（※2）：以下のように文章と画像で説明が別々になるのではなく、文章を読んでも画像を見ても同じことが伝わるようにします。

文章だけで説明が完結＆画像だけで説明が完結

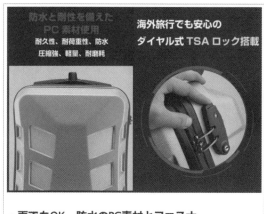

・雨でもOK。防水のPC素材とファスナー

・安心のTSAロック

■【補足❷】用意すべき画像と各クラファンサイトの 推奨画像サイズ・容量一覧

　必要画像の各クラファンサイトの指定している画像サイズ・容量の一覧を以下に示しますので参考にしてください（詳細は各クラファンサイトに確認してください）。なお、動画については、YouTubeにアップロードした動画のURLを埋め込めばOKです。

各クラファンサイトの指定・推奨サイズと容量（2022年4月現在）

	Makuake	**GREEN FUNDING**	**CAMPFIRE**
トップサムネイル（キービジュアル）	サイズ：横1600×縦900px（比率16:9）容量：10MB以内	サイズ：横580×縦386px	サイズ：横1200×縦800px（比率3:2）
本文中の画像	サイズ：横1230px（縦の指定なし）容量：各画像2MB以内	サイズ：横580p	サイズ：横640px 容量：各画像1MB以内推奨

プロフィール画像 （※1）	サイズ：横400×縦400px（正方形） 容量：1MB以内	サイズ：横100×縦100px（正方形）	サイズ：横200×縦200px（正方形）
リターン画像	サイズ：横690×縦388px（比率16:9） 容量：各画像3MB以内	サイズ：横300×縦200px	サイズ：横400×縦200px 容量：1MB以内推奨
スライドショー画像	最大2MBまで推奨。トップサムネイル含めて7枚ま	仕様なし。挿入不可	トップサムネイル含めて5枚まで
見出し画像 （※2）	サイズ： 横1230px（縦の指定なし） 容量：各画像2MB以内	特に指定なし	サイズ：横640×縦60px程度推奨

（※1）：プロフィール画像

　実行者のアイコン画像のことを言います。プロフィール写真や会社のロゴを使うことが多いです。

プロフィール画像（アイコン）

（※2）見出し画像

　見出しをテキストではなくデザインして作成した画像です。もちろんテキストで直接作成してもいいのですが、デザインして強調することで支援者が読みやすくなります。統一感を出すために他の画像のデザインと同じ人に一括で外注するといいでしょう。見出し画像も安価に発注が可能です。

見出し画像

▨ 【補足❸】メーカーから情報を引き出しつつ 自分で考える

　LP作成については、カタログなどで商品仕様、使い方や機能など、メーカーから情報を引き出しつつ、自分で考えるようにしましょう。メーカーは新商品を開発する技術力があっても、販売方法がわからず困っているのでサポートを求めているからです。メーカーは商品については非常に詳しいのですが、支援者のニーズについては、これまで商品リサーチした実行者の方が詳しいはずです。とはいえ、キュレーターが支援者の立場に立ってサポートしてくれるので、積極的に相談するようにしてください。

■【補足❹】LPの書き方についてもっと深く　学びたい方へ

　ここまで、LPの書き方についてお伝えしてきました。本書では、クラファンが初めての方でもLPが作成できるように解説しており、コピーライティングやマーケティングに関するノウハウは割愛しています。例えば、「PASONAの法則」「読まない・信じない・行動しない」「SWOT分析」「AIDMA」「AISAS」と言ったものです。そこまでの知識がなくても、本書でお伝えしたことでLP作成や次章のPR施策は十分対応できるためです。担当キュレーターにも相談できますし、細かい知識を勉強するよりは、まずは実践してみるほうが早いです。

　とはいえ、商品の販売力に関わることは学んで損はありません。数多くの書籍が販売されていますし、インターネットで検索しても詳しく解説した記事を探すことができます。興味のある方は学んでみてください。

04

【実践編】商品ページを
作ってみよう

■ 【ワーク】この商品のLPを実際に作ってみよう

　ここまで、LP作成のプロセスについて解説しました。今度は、実際に以下のチタン製のフロスハンドルのLPを作成してみましょう。今回、このフロスハンドルは、当初作成したLPに大幅な変更を加えています。なぜ変えたのかも一緒に考えていきましょう。

チタン製フロスハンドルのLPを作ってみよう

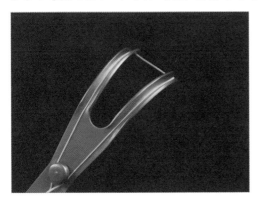

■ トップサムネイルとタイトルを作ってみよう
❶ 商品の最大のPRポイントは何か？

　まず、このチタン製のフロスハンドルの最大のウリ（USP）は何かを考えます。フロスハンドルについてはすでにさまざまな商品があり、Amazonで検索すれば安価なプラスチック製のフロスハンドルがたくさんあります。そこで、プラスチック製と比較してチタン製のフロスハンドルのPRポイントをまとめてみました。

❷ ターゲットを誰にするか？

　今回、LPを大幅に変更していますが、当初考えていたトップサムネイル
とタイトル案は下図の通りです。

ボツとしたトップサムネイルとタイトル案

国産チタン製フロスハンドルFLOSSTI創業68年、医療器工場の匠たち本気の
逸品

　商品価格は5,400円（超超早割3,780円）ですが、プラスチック製なら
1,000円程度のものがたくさん売られているので、次のように感じませんで
したか？

> ・高い!
> ・チタン製にする意味がわからない
> ・Amazonなら1,000円くらいで買える

　なぜそう感じたかというと、比較対象を歯ブラシとして、既存のプラスチック製との違いがわからない作り方であるためです。なんで5倍もの金額を出してチタン製のフロスハンドルが買ったほうがいいのかわかりません。

　そこで、ターゲットを見直し、具体的にはデンタルフロスを使ったことのない人から、プラスチック製のフロスハンドルを使っている人に変えました。ターゲット消費者深掘りシートでは、次のように変更をしています。

チタン製のフロスハンドルのターゲット消費者深掘りシート

「誰に」	【BEFORE】フロスハンドルを使ったことのない人⇒【AFTER】プラスチック製のフロスハンドルを使っている人
「何を」	チタン製のフロスハンドル
いつ（T）	ご飯を食べた後、寝る前
どこで（P）	自宅
どうやって（O）	【BEFORE】歯磨き以外のデンタルケア習慣として⇒【AFTER】頻繁に交換することなく繰り返し使う
期待	・繰り返し使いたい　・操作性が良いフロスハンドルが欲しい
不安	・抗菌や衛生上の問題が気になる　・プラスチック製より高いのではないか?　・自分が使っているフロスに対応できないかも

　これをもとに、もう一度トップサムネイルとタイトルを考え直し、チタン製ならではの強みを伝えるように変更しました。素材の写真は変わっていませんが、チタン製のUSPを表現し、既存のフロスハンドルを使っている人に向けて発信するようにしました。このプロジェクトは、最終的に支援額1,400万円（おかわり含めて1,900万円）に達しましたが、ターゲットを見直さなければ、ここまで成功しなかったと思います。**このように、類似商品やUSPを把握したうえでターゲット設定をすることが重要です。**

ターゲットを見直したあとのトップサムネイル

市販のあらゆるフロスに対応！あなたの歯の状態に合わせて最適なフロス糸
で磨こう！

■ ストーリー

　このフロスハンドルはMakuakeに出品するので、ストーリーを記載します。トップサムネイルとタイトルでは表現しきれなかった魅力を記載しますが、ここでも、比較対象がプラスチック製であることを忘れないようにします。

> ❶最適なフロスで磨けてますか？　フロスハンドルはあなたの歯の状態
> に最適なフロス素材を選んで使えます
> ❷Y字型フロスで磨きにくい奥歯でも使いやすい！　虫歯予防のフッ素
> 加工やステインケアのフロスも対応◎
> ❸純国産チタン製で抗菌&衛生的。繰り返し使えて節約すれば1年ほど
> でペイし、しかもプラゴミも削減!

■ スライドショー画像やYouTube動画

　トップサムネイルの位置には、LP本文を読まなくても商品の魅力が伝わ

るように、スライドショー画像や動画を配置しています。このLPでは、他のフロスハンドルとの違いがわかるようなスライドショー画像をなるべく配置しました。

また、このLPでは20秒弱の短い動画ですが、商品がいかに簡単に使えるか（糸の装着方法）、どんなメリットがあるかを伝えています。

トップサムネイルの位置に配置した動画（一部）

■ 権威性

このデンタルフロスの権威性は、「創業68年の医療機器メーカーの国産技術」である点です。そのため以下のブロックを作っていますが、今回は問題提起を優先させるため、「商品の特徴・機能説明」に内包して後ろに配置しました。

デンタルフロスの権威性

■創業68年。
医療器メーカー本気の
デンタルケアグッズ

創業 68 年「日本の医療器メーカー」の職人技で
本気のチタン製フロス交換ハンドル /FLOSSTI

チタン製フロスハンドルFLOSSTIは
その使い心地にこだわり抜いて、
試作を繰り返し、構想だけで約1年。

■ 問題提起（支援者の悩みや希望）

　次にLP本文の書き出しである問題提起を考えます。今回ターゲットの
見直しにより、LPトップだけでなく、本文もすべて書き換えています。
ターゲット設定はLP作成の軸となるため、間違うとほぼ全文書き直しに
なります。このLPの問題提起の修正前のLPの見出しは、次のようなもの
でした（見出しだけ抜粋し、本文は割愛します）。

・歯ブラシだけでは6割しか口の中はきれいになりません。
・あなたの歯磨き大丈夫ですか？「マスク着用時『自分の口臭が気にな
る』が約6割...」

　これだと今まで歯ブラシしか使ってこなかった人を対象にしていること
になり、これまでプラスチック製を使ってきた人には問題点として感じ取っ
てもらえません。そこで問題提起を、プラスチック製のフロスハンドルを

比較対象として下図のように変えました。つまり、使える糸が限定される
プラスチック製を使ってきた人に問題を投げかけるようにしたのです。

本文書き出し（問題提起）

■ LP本文のブロックを作ろう
（商品の利用シーン・特徴・機能説明）

　問題提起をしたら、チタン製の魅力を抽出するために、P243〜の通り
に各々ブロックを作っていきます。LPのトップと同様に、プラスチック製
との違いを意識しました。

	利用シーン・特徴	どんなメリット？
ブロックA	あらゆるフロス糸に対応	自分の歯に合った状態で使うことができる
ブロックB	プラスチック製との違い	※比較表
ブロックC	Y字ハンドルの採用	奥歯も傷つけることなくしっかり磨ける
ブロックD	使用感	糸の張りを調整できてしっかり固定
ブロックE	衛生面	チタンは抗菌素材なので衛生的
ブロックF	コスト	プラスチック製より経済的
ブロックG	エコ意識	買い替え不要だからエコ

【ブロックA】

見出し＋画像（GIF）＋本文に加え、フロス糸の使い分けについても追記。

■歯の状態でフロス糸を使い分けるって本当!?

フロスハンドルFLOSSTIは市販のあらゆる機能のフロス糸に対応していますので、

歯並びや歯ぐきの状態などにより、最適な素材、最適な張り具合で調整が可能

さて、代表的なフロス糸の素材は…

さて、代表的なフロス糸の素材は…

フロス素材を機能や用途で選ぶ

ナイロン製フロス素材

おすすめ: 歯垢をしっかり落としたい時

摩擦力 ★★★　硬さ ★★★　汚れ落ち ★★★★★

ナイロンは耐久性があり、摩擦力も高いため、歯間の食べかすや歯垢をしっかり落としたい時におすすめです。ほかと比べて硬いので、痛みを感じる方もいます。

ポリエステル製フロス素材

おすすめ: 優しくケアしたい、歯茎の出血があるとき

摩擦力 ★★★　硬さ ★★　汚れ落ち ★★★

ナイロン製よりもやわらかく、歯や歯ぐきに優しいケアができます。摩擦力はナイロン製のものよりも劣りますが、繊維の束で歯間の汚れを絡めて取ることができます。

ポリエチレン製フロス素材

おすすめ: 歯並びの悪い方、歯間が狭い方や子供

摩擦力 ★★★　硬さ ★★★★　汚れ落ち ★★★

狭い歯間の汚れを取り除くのに適しています。極細のためナイロン製やポリエステル製よりも丈夫で切れにくいため、丁寧なケアができる反面、細く、歯の状態によっては汚れを落とすのにやや時間がかかります。

ワックスの有無・種類で選ぶ

おすすめ: 歯間のせまい方やフロス初心者向け

摩擦力 ★★　硬さ ★★★　汚れ落ち ★★★

ワックス加工のフロスは、滑りやすく、歯間に入れるとき、スムーズに歯面を清掃でき使いやすいのがメリットです。デメリットは、滑りやすいためワックスなしと比べると除去力は落ち、フロスに多少時間がかかります。

エクスパンド型

おすすめ: 歯間の広い方

摩擦力 ★★★　硬さ ★★　汚れ落ち ★★★★

エクスパンド型は口内の湿度でふくらみ歯間にフィットすることにより清掃効率が高まることがメリットです。ただし、歯間の隙間が狭い場合、歯茎を圧迫して傷つける恐れがあり注意が必要です。

フレーバー入りタイプ

おすすめ: 口元を気にする方

歯間の清掃後に残る香りが、健康なお口のアクセントとしてさわやかな気分にしてくれます。

フッ素加工で強い歯＆キレイな歯を目指すステインケア

おすすめ: 歯のトラブルになりやすい歯間にフッ素を塗布したい、キレイで健康的な歯を目指すステインケアをしたい方

フッ素加工がされたフロスは、汚れを落とした後に、フッ素を歯間などに塗布でき、歯間の清掃と強い歯を目指すには有効です。たばこやコーヒー、赤ワインなどのステインによる黄ばみが気になる人には、ステインケアができるフロスなどもあります。

※自社調べ

あらゆるフロス糸を使い分けながら、

未体験の使い心地で使えます。

【ブロックB】

■「ありそうでなかった」
好きなフロスで磨く常識

チタン製フロスハンドルのFLOSSTIと他の
フロスケアグッズを比較してみると…

デンタルフロスの比較

	チタン製フロスハンドル	プラ製フロスハンドル	プラ製Y字フロス（使い捨て）	ロールフロス（指フロス）
操作性	◎ 奥歯もOK	◎ 奥歯もOK	◎ 奥歯もOK	× 操作が難しい
使用感	◎ 一生モノのチタン製	△ 耐久性弱め	◎ 使いやすい	△ 奥歯届かない
衛生面	◎ 抗菌素材	△ 傷口から菌など	△ 繰り返し使うのは×	× 指と口元がヨダレだらけ
ランニングコスト	◎ フロス糸のみ	◎ フロス糸のみ	× 使い捨て、プラゴミ出る	◎ フロス糸のみ
コスト	○ 1年使えば元取れる	○ 定期で買い替え必要	× 毎回購入高い	◎ 最安値だが上級者向け
エコ意識	◎	△	×	◎

※プラ製はプラスチック製を略してます

※自社調べ
市中のプラ製のフロスハンドルは、
菌の繁殖など衛生的でありません。

【ブロックC】

●Y字型ハンドルの採用

口の中で動かしやすいY字型で
奥歯などフロスしにくいところも、
歯ぐきを傷めることなくスマートに
しっかりとフロスできます。

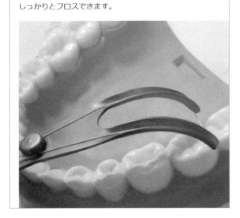

【ブロックD】

●フロスの緩さを調整可能

独自設計の先端部分の形状で、
フロスをしっかり固定。

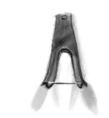

テンション強めも、**ゆるく固定も**
あなたの好きな張り具合に調整できます。

【ブロックE】

●抗菌素材のチタンを採用

医療器製造で培ったチタン研磨の技巧で
鍛え、磨き上げた一生モノの逸品です。

【ブロックF】

■コストを6割削減し、
約1年でペイする投資

フロスハンドルは一度買ってしまえば
フロス糸だけを消耗品として買うだけで、
繰り返し使えます。

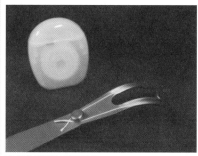

デンタルグッズは毎日1〜3回消費するので
トータルで大幅にコストが削減でき、

その**差額4,015円の節約効果**があります。

チタン製フロスハンドルは
約6割のコスト削減効果があり、

もしあなたが5人家族であれば、
年間で20,075円のデンタルケアグッズの
コストを削減することができるのです。

繰り返し使えるフロスハンドルは、
1年ほどの使用期間でペイできる投資
なのです。

フロスハンドルでコストを6割削減、約1年で元が取れる

プラスティック製 フロスハンドル	チタン製 フロスハンドル
年間コスト	
一人年間 **5,475**円程度	一人年間 **1,460**円程度
プラY字フロス1本（約@15円） を1日2回利用	ロールフロス40m（約@300円） を1回30cm利用で1回単価2円 一日2回利用

約**6**割削減

※自社調べ

【ブロックG】

しかも 今はエコが推奨されている時代です

使い捨てのプラ製Y字フロスは1本2g程度で
レジ袋2枚分のプラスチックゴミが出ます。

1年間で換算すると1人当たりおよそ730枚
ものレジ袋を消費している計算なのです。

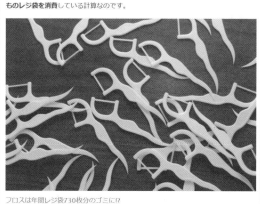

フロスは年間レジ袋730枚分のゴミに!?

ブロックA〜Eについては、前項でお伝えした商品の特徴・機能について抽出したものです。特にプラスチック製との違いを強く意識しています。

　ブロックFで経済的なメリットについて触れたのは、チタン製がプラスチック製に比べると5倍くらいの価格になっているためです。クラファン市場は価値を感じてもらえれば類似商品より多少高額でも購入してもらえます。しかし、今回は類似商品よりかなり高額なので経済的メリットについて触れました。

　ブロックGのエコについては、SDGsへの取り組みについて意識したものです。支援者の訴求とは直接関係ないところですが、時代の流れを考えてブロックを作っています。

【ブロックH】

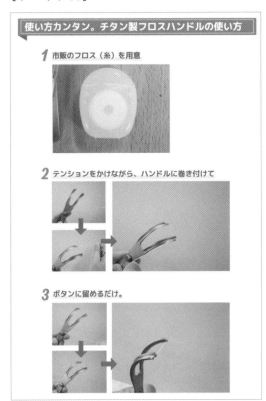

【ブロックI】

【ブロックI】

■ ブロックを並べ替える

　商品の利用シーン、特徴・機能、使い方に関するブロックを作ったら、
どの順番で配置するかを考えます。

ブロックA:あらゆるフロス糸に対応

↓

ブロックB:プラスチック製との違い（比較表）

↓

ブロックC:Y字ハンドルの採用で奥歯もしっかり磨ける
↓
ブロックD:糸の張りをしっかり固定できる
↓
ブロックE:チタンは抗菌素材なので衛生的
↓
ブロックH:使い方の説明（図解）
↓
ブロックJ:使用後の洗い方の説明（図解）
↓
ブロックI:使い方の説明（GIF）
↓
ブロックF:プラスチック製より経済的
↓
ブロックG:買い替え不要だからエコ

　あらゆるフロスに対応（ブロックA）する旨を最初に持ってきたのは、問題提起との話の繋ぎを考慮したことと、LPトップで伝えたことを早く証明するためです。LPのトップで伝えたことは、あらゆる商品の魅力のなかでも優先度の高いものですが、LP本文でも優先度の高いブロックから上に配置していきましょう。

　なお、エコ（ブロックG）については、SDGsの取り組みを意識したものですが、支援者の訴求とは直接関係ないので、最後の方に配置しています。SDGsに関しては優先度は高くないので、商品の魅力を十分伝えた後に掲載するくらいで構いません。

■ LP本文を整理する

　ブロックを並べ替えたら、通読してみて重複するところを削除したり、繋ぎの一文や図を挿入したりして整理していきます。

■ LP本文の後半部分を掲載する

△ Q&A

　支援者が疑問や不安に思っていそうなことやLPの要点をQ＆Aにまとめていきます。フロスハンドルのQ＆Aは次の通りです。

> Q:市販のフロス糸は使えますか？
>
> Q:原産国はどこですか？
>
> Q:フロスハンドルの効果は？
>
> Q:FLOSSTIはどういうところで作られましたか？
>
> Q:お手入れ方法は？
>
> Q:どのくらいのお金の節約になりますか？
>
> Q:脱プラの効果も教えてください

△ 実行者紹介、リスク＆チャレンジ

　最後に実行者紹介とリスク＆チャレンジを記載して終了です。

　以上、「チタン製フロスハンドルFLOSSTI」のLP作成例をお伝えしました。このLPについては、途中でターゲット設定を変えてLPを作り直したことや、おかわりクラファン含めて支援額1,900万円、支援数3,400人を超える成功プロジェクトになったことで紹介しました。なお、LP全文については、以下のURLからご覧いただき、ご自身のプロジェクトの参考にしてください。

https://www.makuake.com/project/matelia2/

プロジェクトの成功要素は LP だけでなく、商品力や Chapter6 のプロモーションの力も大きく関わります。とはいえ、成功したプロジェクトは高確率で LP もしっかり作られています。良い LP を見つけたら URL を保存しておく習慣を身に付けておきましょう。

05 知らないと損するリターン設定の失敗と正しい設定方法

　商品の魅力を十分に伝える場のLPと同じくらい重要なのがリターンの設定です。いくらLPが良い内容でも、リターンの設定が悪いと購入率が下がります。皆さんも買い物をしていて「一瞬欲しいと思ったけど最終的には買わなかった」と思ったことはないですか？　リターンの設定が悪いと同じことが起きてしまいます。LP作成で力尽きて、リターン設定が雑になる人も多いですが、支援者が最後に購入を判断する重要な情報なので、十分検討しましょう。とはいえ、LP作成に比べるとリターンについて詳細に分析されたものは少ないので、参考にしていただけると幸いです。

■【ポイント❶】クラファンは細かい価格差で売上が大きく変わらない

　リターン価格はメーカーと独占契約したあなたが好きに設定できます。これはAmazon販売の商品の値付けとの大きな違いの1つです。例えば商品Aを9,600円と9,900円で売るセラーがいたら、Amazonでは基本的には9,600円で価格設定したセラーが先に売れます。Amazonの場合、少しでも商品を安く買いたくなるように設計されているので、300円の差が売上に大きな影響を与えます。そのため、Amazon販売であれば他のセラーと値段を揃えないといけません。1円でも高くすれば売れませんし、1円でも安くすれば価格崩壊の可能性があります。

　ところが、クラファンのリターン設定では、この300円の差は誤差程度で、売上が大きく変わりません。例えば、超早割の商品が9,600円で、早割が9,900円と設定した場合、超早割が売り切れたところで支援者の購買意欲が大きく落ちることはありません。Amazon販売のように1円単位で

気にする必要がなく、価格差の許容範囲が広いので、利益や広告費を見越したリターン設定ができます。購買意欲が変化する価格は、5,000円、10,000円、20,000円、30,000円、50,000円、100,000円とかなり大きな幅があるので、細かい価格差は気にする必要はありません。

■【ポイント❷】割引率の目安は20〜35％

　実際にMakuakeやGREEN FUNDINGで売れている商品を見てみると、20〜35％程度の割引率のリターン設定が多いです。支援者は細かい価格差を気にしない一方で割引は見慣れており、5％程度の割引率ではお得だと思ってもらえません。実際には割引率は35％以上にすると反応が良いと言われていますが、赤字リスクを抱える割引率はおすすめしません。また、あまり他商品より割引率が高いと原価を疑われる可能性もあります。そのため、割引率については20〜35％の範囲で利益率を複数設定することがおすすめです。**具体的にスタートダッシュで支援を集めることを目的とするリターンの割引率を30〜35％と設定し、売り切れたら30％、25％と階段状に割引率を下げます。**このように、早く買った人が有利となるリターン設定にしましょう。

　以下の割引率については、あくまで例で、場合によってはリターンを増やすこともありますし、割引率を微調整することがあります。例えば割引価格で15,200円になるようなら、14,980円となるように調整します。商品や単価によって臨機応変に対応しましょう。

リターン例	割引率例	リターンの目的
超超早割	35%OFF	サクセスバッジが付く金額を目標とする
超早割	33%OFF	利益よりスタートダッシュ成功を重視
早割	30%OFF	お得感を出しながら利益が出るように設定
通常割引	25%OFF	テストマーケティングと認知拡大を目的としつつ利益が出るように設定する
セット割	35%OFF	セット売りにしてお得感を出す。割引率は単品より高めに設定し、複数設定する

■【ポイント❸】高額のリターンも設定する

　クラファンは高額商品が売れやすいプラットフォームであることを意識してリターン設定してください。例えばAmazonで30万円の商品を売るのは難しいですが、クラファンでは30万円の商品はどんどん売れていきます。

　そのため、通常価格のリターンに加え、高価格のリターンも用意することをおすすめします。基本的には通常の価格帯のリターンの支援者が多いので、支援額の大半を占めます。しかし、少数ながら高価格のリターンも一定数の購入があります。高単価なので、支援者が少数でも支援総額を押し上げる役割があります。

　これはちょうどチューハイやハイボールが中心の低客単価の居酒屋に、1本数万円もするドンペリがなぜかメニューに載っている状況に似ています。

　低単価の居酒屋でも万馬券が当たった、急ぎの吉報ですぐお祝いしたい、たまたま富裕層が迷い込んだなど、ドンペリが飲まれるチャンスはあるわけです。

　高単価のドンペリを注文したい人がいるのに、ないからビールで乾杯するしかない…となっては、売り手も買い手も残念です。

　支援者は何らかの理由があって10個まとめて買いたいのに、売り手が10個もいらないだろうそのセットを作らなければ、それは**自身の勝手な思い込みでお客様の購入機会を奪ってしまっているかもしれない**ということもあるのです。

　具体的には、物販系のクラファンではバリエーションを多くするのはおすすめしない（P201）ので、セット売りを行うケースが多いです。これは、「自分だけでなく家族や友人にも喜ばれそう」と考える支援者が一定数いるためです。セット売りのリターンを用意しても、単品の支援が落ちるわけではないのでリスクはゼロなのでダメ元で設定しておきましょう。

セット売りを用意して支援を押し上げる

■【ポイント❹】リターンの人数設定の目安

　各リターンは階段状に割引率を設定し、各々「〇〇人限定」とリターンの個数を限定していることがほとんどです。こうすることで、割引率の高い商品が早い者勝ちになるため、「今買わなければ！」という気持ちになるので、スタートダッシュで支援を集めやすくなります。また、一番割引率の高いリターンが売り切れたとしても、他のリターンも人数が限定されているので、早めの購入を促すことができます。早めに支援が集まったプロジェクトは、「こんなに売れているなら自分も欲しい」という気持ちになるので、ますます支援が集まります。

　とはいえ、限定人数の設定については、単純に「〇〇人がおすすめ」と言えるものではありません。比較的単価が安ければ多く売れますし、逆に

282

高単価であれば少ない支援数で目標を達成できます。具体的には、以下のようにさまざまな基準で考えながら調整し、最適な人数を設定するようにしてください。

---

❶ 目標とする達成支援額と利益
❷ 類似商品の支援数
❸ 類似商品のリターン設定
❹ スタートダッシュを目的としたリターンは、初日で売り切れる数を想定
❺ 割引率の高いリターンは人数を少なく、低いリターンほど人数を多くする

---

❹については、スタートダッシュに成功することが目的なので、少なめに設定することで問題ありません。さらに初速を付けるのであれば、先ほどお伝えしたように、サクセスバッジが付く金額を目標とするリターンを設定してもいいでしょう。セット売りは、商品にもよりますが大きな支援は期待できないので、少なめの人数で設定しましょう。限定性が高いほうが購買意欲を高めることができます。

■【ポイント❺】リターンの種類は多くて9種類

リターンの数は少なすぎると盛り上がりに欠ける一方で、多すぎると選ぶのが面倒になり離脱を招くので、適度な数で設定しましょう。

具体的には、支援金額300万円以上を集めたプロジェクトのリターン数は多くて9個程度なので、9個以下を目安としてください。リターンの種類は色違いなどのバリエーションで作るのはNGで、早期割引、セット売りなどで展開してください。一例として、リターン設定例を示します。

【リターン設定例❶】一般販売予定価格119,000円の商品の場合

リターン例	割引率例	リターンの目的
超超早割	35%OFF	50人限定
超早割	33%OFF	80人限定
早割	30%OFF	100人限定
Makuake割	25%OFF	120人限定
2セット割1	35%OFF	5人限定
2セット割2	33%OFF	15人限定

【リターン設定例❷】一般販売予定価格13,000円

リターン例	割引率例	リターンの目的
超早割	30%OFF	100人限定
早割	25%OFF	300人限定
特価	20%OFF	600人限定
2個割	31%OFF	120人限定
3個割	32%OFF	50人限定
5個割	33%OFF	30人限定

■【ポイント❻】リターン画像やタイトルは トップページ掲載も意識する

　リターンにも画像やタイトルが必要ですが、あまり多くの情報を詰め込まず、シンプルにノンストレスで購入できるようにしましょう。P259～の指定サイズ・容量に従うようにしてください。

リターン画像例

　ただし、割引率、割引価格、限定リターン数といった情報は極力入れるようにしてください。また、売れ行きが好評でリターンを急遽追加する場合は、必ず「好評につき追加」など、売れ行き好調であることを伝えましょう。さらに、特にMakuakeとCAMPFIRE、machi-yaの場合は、トップサムネイルやタイトルの表現を参考に、魅力的な商品であることを伝えてください。リターン画像とタイトルが、トップページに掲載されることがあるためです。

Makuakeのトップページ掲載の「注目のリターン」

CAMPFIREのトップページ掲載の「人気のリターン」

せっかくトップページに掲載されているのに、魅力が伝わっていないと機会損失となる可能性となります。以下のフロスハンドルも、Makuakeの注目のリターンに掲載されていたのに、商品内容がイメージできないので、ここで売上を大きく上げることができませんでした。そのため、リターンを追加した際は、「好評につき追加！」と掲載するだけでなく、商品の魅力を一言加えるように修正しました。

リターン画像とタイトルの修正例

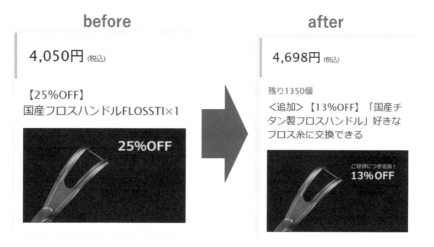

06

気を付けたい商品ページのNG表現
〜景品表示法や薬機法〜

　購入型クラウドファンディングのLPは広告とみなされるので、景品表示法や薬機法、健康増進法の広告規制は遵守しないといけません。そのため、Makuakeなど各クラファンサイトは各法律に抵触するようなNG表現を厳しくチェックされます。また、虚偽情報がないことを確認するためエビデンスを求められることもあります。

　最近はクラファンサイトに審査を出しても、修正やエビデンスを求められることが増えてきました。よほどおかしな判断であれば別ですが、基本的には誠実に対応したほうがスムーズにプロジェクトの準備が進みます。本書では最低限知っておいたほうがいいことを解説します。

■ 景品表示法

　景品表示法には、大きく分けて虚偽・誇大広告を示す優良誤認と、価格の不当表示などの有利誤認の2パターンがあります。有利誤認については、クラファンではあまり関わらないので割愛しますが、優良誤認は注意です。優良誤認は大まかに次の2点があります。

❶ 実際のものよりも著しく優良であると示すもの

　本来の機能よりも嘘や大げさな機能を示すことで、例えば「100%防水加工」を謳いながら、実際は防水加工されていない場合を言います。また、3時間で充電と言いながら、実際は10時間もかかる場合など、数値が正しくないと優良誤認になります。そのため、エビデンスが求められ、LPで根拠や出典の記載を求められることがあります。自社調べによるデータの場合は、「自社調べ」と記載してください。

数値の根拠が必要なこともある

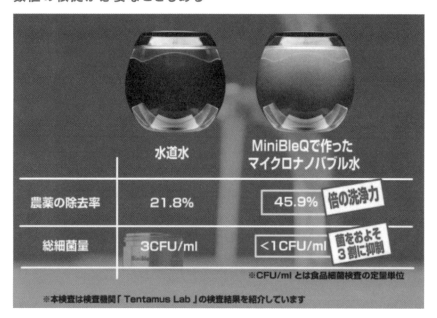

「自社調べ」の旨を記載

❷ 事実に相違して競争関係にある事業者に係るものよりも
著しく優良であると示すもの

　他製品と比較した比較広告は違法ではないのですが、嘘や大げさが含まれると優良誤認とされる可能性があります。

　例えば比較表で示したことが違っていたり、「この技術は他社にはない」と言いながら実は他社も持つ技術だったりした場合です。**あからさまに他社製品を誹謗中傷する表現はしないように気を付けてください。**また、「日本一」「世界初」「No.1」「最強」という最上級表現も、実際に違えば優良誤認とされます。そのため、このような表現を使った場合はエビデンスや理由説明を求められる場合があります。

■ 薬機法

　薬機法第66条では、医薬品、医薬部外品、化粧品、医療機器などの虚偽・誇大な広告を禁じており、具体的には次のように厳しく規制されています。

薬機法が関わるカテゴリー	広告規制
医薬品、医薬部外品、化粧品、医療機器	表現できることが薬機法で定められ、厳しく制限されている
サプリメント・プロテイン等の健康食品、空気清浄機、除菌スプレー、芳香剤、アロマオイル、布ナプキン、香水などの雑貨類	医薬品、医薬部外品、医療機器のような効果効能を表現すると薬機法違反

　例えば美容健康系グッズでは、医療機器か雑貨品かによって広告規制に対するアプローチが大きく変わります。医療機器は、医療機器販売業の許可が必要なので販売のハードルが高く、扱う商品はほとんど雑貨品です。雑貨品となると、病名や症状、身体機能に対する効果効能が一切表現できません。例えば「コロナ予防」「ガンが完治」「肩こりが治癒」「関節痛を緩和」「○○だけで１ヶ月で10kg減量」「不眠症改善」「バストアップ」「免疫力アップ」「記憶力向上」「疲労回復」……。雑貨品であればこれら

の表現はすべてNGとなります。また、「アンチエイジング」「メタボ」のように機械的に使用できない単語もあるので注意してください。

■ 健康増進法

　食品やサプリメントなどの健康食品を扱うような場合は、健康増進保持効果の表現を禁止する健康増進法についても注意してください。健康増進保持効果とは、疾病の治療・予防、身体機能の強化などの表現です。ただし、機能性表示食品などの保険機能食品については一部の効果効能が表現できることがあります。詳しくは担当キュレーターに確認するようにしてください。

07

効率的に商品ページを作成するための外注さんへの依頼方法

■ LPデザイン外注の4パターン

　LP構成・本文、写真、動画などの素材が揃ったら、LP作成をデザイナーさんに外注します。クラファンLP作成の外注については、大きく分けて次の4パターンがあります。

LP作成の外注パターンと費用感

LPデザイン&ライティング	15万〜30万円
LPライティング	8万〜15万円
LPデザイン	8万〜15万円
バナー画像（トップ、本文用）	総額2万〜5万円 （1枚1,000〜5,000円×3〜7枚程度）

　このなかで一番コストを抑えられるのが、バナー画像だけを外注する方法です。 デザインとライティング両方できる人はクラウドソーシングなどで探してもなかなか見つからず、しかも高単価です。

　また、海外メーカー商品の場合は画像素材が揃っているので、デザイン一式発注しても工数が少なく割安になる傾向があります。しかし、国内メーカー商品の場合は画像関係から用意しないといけないので、デザイン一式発注すると割高になる可能性が高いです。

　ただ、クラファンのLPは、コーディングの知識が必要なく、アメブロのような感覚で投稿できるので、必ずしもLP一式を丸投げする必要はありません。そのため、LPの構成・本文ができているのであれば、必要なバナー画像だけをピックアップして外注することでコストを抑えられます。

■ デザインを依頼するバナー画像の主な種類

　Photoshopとイラストレーターが使える方であれば、自分でバナー画像を作成すればデザインのコストはゼロです。しかし、自分でやると莫大な時間がかかり、クオリティが大きく下がるので基本はおすすめしません。無理にデザインするくらいなら、写真をそのまま使ったほうがいいです。

　そのため、バナー画像を作るのか、写真だけをLPに掲載するのかはメリハリを付けてください。また、写真の加工だけでなく、見出し画像など文章をデザインして目立つように表示させることも検討しましょう。

△ トップサムネイル

　トップサムネイルは、画質の良い素材をデザイナーさんに渡して、イメージをしっかり伝えて外注してください。LPでもっとも重要な部分なので、ある程度の時間とコストをかける価値はあります。とはいえ、上記のフロスハンドルの画像は3,000円程度で外注できています。

△ SNS広告クリエイティブ用の画像

　クリエイティブとは、広告用の制作物のことを言います。画像はFacebookやインスタ広告のクリック率を左右しますが、一貫性を保つためにもトップサムネイルと類似の画像とすることが多いです。トップサムネイルと類似の画像で、サイズを少し変えるだけであれば1,000円程度の追加

料金で制作できます。

△ LP本文中の画像・スライドショー画像

　LP本文中の画像は、商品にもよりますが写真だけで十分伝わる写真と、加工が必要な写真に分けるようにしてください。

　例えば以下のような使い方を説明するような場合は、文字を含めてデザインが必須となります。一方で、写真だけで伝わる場合もあります。特に商品を利用しているときの写真を多めに撮影しておくと、デザインが不要になることが多いです。

写真を加工した例

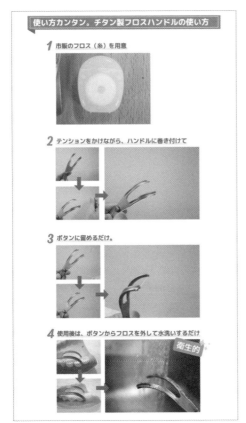

デザインを加えない写真も使用する

●抗菌素材のチタンを採用
医療器製造で培ったチタン研磨の技巧で
鍛え、磨き上げた一生モノの逸品です。

また抗菌素材のチタンは衛生的で
お手入れも水で流して拭くだけです。

※チタンが水を弾く様態についての表現で
本製品での抗菌性試験は実施していません

△ 写真を使わない画像（見出し画像など）

　見出し画像（P261〜）など、写真を使わないバナー画像を作成することもあります。ぱっと見で重要な箇所を伝えるためです。見出し画像以外では、以下のような図や表、強調したい特徴・ベネフィットがあればデザインしてもらいましょう。

写真を使わない画像の例

デンタルフロスの比較

	チタン製 フロスハンドル	プラ製 フロスハンドル	プラ製Y字 フロス（使い捨て）	ロールフロス （指フロス）
操作性	◎ 奥歯もOK	◎ 奥歯もOK	◎ 奥歯もOK	✕ 操作が難しい
使用感	◎ 一生モノの チタン製	△ 耐久性弱め	◎ 使いやすい	△ 奥歯届かない
衛生面	◎ 抗菌素材	△ 傷口から 菌など	◎ 繰り返し 使うのは✕	✕ 指と口元が ヨダレだらけ
ランニング コスト	◎ フロス糸のみ	◎ フロス糸のみ	△ 使い捨て、 プラゴミ出る	◎ フロス糸のみ
コスト	◯ 1年使えば 元取れる	◯ 定期で 買い替え必要	✕ 毎回購入 高い	◎ 最安値だが 上級者向け
エコ意識	◎	△	✕	◎

※プラ製はプラスチック製を略してます

フロスハンドルでコストを6割削減、約1年で元が取れる

プラスティック製
フロスハンドル

チタン製
フロスハンドル

年間コスト

約**6**割
削減

一人年間 **5,475** 円程度

一人年間 **1,460** 円程度

プラY字フロス1本（約@15円）
を1日2回利用

ロールフロス40m（約@300円）
を1回30cm利用で1回単価 2円
一日2回利用

フロス素材を機能や用途で選ぶ

ナイロン製フロス素材

おすすめ：歯垢をしっかり落としたい時

摩擦力 ★★★★★　硬さ ★★★★★　汚れ落ち ★★★★★

ナイロンは耐久性があり、摩擦力も高いため、歯間の食べかすや歯垢をしっかり落としたい時におすすめです。ほかと比べて硬いので、痛みを感じる方もいます。

ポリエステル製フロス素材

おすすめ：優しくケアしたい、歯茎の出血があるとき

摩擦力 ★★★　硬さ ★★★　汚れ落ち ★★★

ポリエステル製はナイロン製より柔らかく、摩擦力は劣りますが、繊維の束で歯間の汚れを絡めて取ることができます。

ポリエチレン製フロス素材

おすすめ：歯並びの悪い方、歯間が狭い方や子供

摩擦力 ★★★　硬さ ★★★　汚れ落ち ★★★★

極細でナイロン製やポリエステル製よりも丈夫で切れにくいです。細いので、歯の状態によっては汚れを落とすのにやや時間がかかります。

ワックスの有無・種類で選ぶ

おすすめ：歯並びの悪い方、歯間が狭い方や子供

摩擦力 ★★★　硬さ ★★★★★　汚れ落ち ★★★

極細でナイロン製やポリエステル製よりも丈夫で切れにくいです。細いので、歯の状態によっては汚れを落とすのにやや時間がかかります。

エクスパンド型

おすすめ：歯間の広い方

摩擦力 ★★★★　硬さ ★★★　汚れ落ち ★★★★★

エクスパンド型は口内の唾液でふくらみ歯間にフィットすることにより清掃効率が高まることがメリットです。ただし、歯間の隙間が狭い場合、歯茎を圧迫して傷つける恐れがあり注意が必要です。

フレーバー入りタイプ

おすすめ：口元を気にする方

歯間の清掃後に残る香りが、健康なお口のアクセントとしてさわやかな気分にしてくれます。

フッ素加工で強い歯＆キレイな歯を目指すステインケア

おすすめ：歯のトラブルになりやすい歯間にフッ素を塗布したい、キレイで健康的な歯を目指すステインケアをしたい方

フッ素加工がされたフロスは、汚れを落とした後に、フッ素を歯間などに塗布でき、歯間の清掃と強い歯を目指すには有効です。たばこやコーヒー、赤ワインなどのステインによる黄ばみが気になる人には、ステインケアができるフロスなどもあります。

△ GIF画像

GIF画像は「GIF 作成」などでGoogle検索すればたくさん作り方を紹介しているWebサイトが出てきます。そのため、自分でGIF画像を簡単に作ることはできますが、作業効率化のために外注するのもひとつの手です。GIF画像の作成も、素材となる写真をいくつか用意すれば2,000〜3,000円程度で外注することが可能です。

■ バナー画像デザインの外注方法（ココナラの例）

LPのデザインを外注するときは、カメラマン同様にココナラ、ランサーズ、クラウドワークスなどを利用するといいでしょう。**個人的に、特にバナー画像を発注する際におすすめなのがココナラです。**そのため、本書ではココナラを例としてデザインを外注する方法をお伝えします。なお、ランサーズやクラウドワークスなどでデザイナーさんを外注する場合は、拙著『Amazon国内OEM完全ガイド』の募集例文を参考にしてください。

ココナラ（https://coconala.com/）

ココナラのトップ画面でキーワードを検索します。クラファンLP用のバナー画像の外注であれば、「バナー」「図解 イラスト」「クラウドファンディング」「画像 作成」などで検索してください。

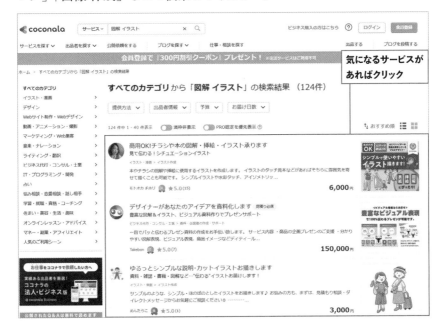

　検索結果が表示されるので、気になるサービスがあればチェックしましょう。デザイナーさんの募集であれば、右側にある募集用のバナー画像も発注のヒントになります。自分のプロジェクトに合ったテイストに近いと感じたらチェックしてみてください。

気になるサービスの詳細を確認し、見積りを確認したい場合は、「見積り・カスタマイズの相談をする」をクリックします。

次に必要事項を入力します。入力事項は以下の通りです。ココナラの場合は直接デザイナーさんとやり取りするので、見積り依頼の文章は簡潔で構いません。

【相談の概要】

❶相談タイトル（必須）　※例:クラウドファンディング商品ページの画像作成

❷用途・種類（任意）

❸枚数/個数（必須）　※見積り確認のやり取りのなかで変更しても可能

❹サイズ（任意）

❺スタイル（任意）

❻希望の色イメージ（任意）

❼納品ファイル形式（任意）　※クラファンサイトの指定に従う

❽商用利用・著作権譲渡の希望（必須）

※「商用利用予定」と「著作権譲渡を希望」にチェック

【相談の詳細】

❾相談の目的・背景・追加情報（必須）

【記載例】

○○○な人に向けて、添付ファイル（○○○:ファイル名）のイメージで、

女性の添付画像（○○○:ファイル名）を使ってMakuakeの商品ページに使う画像を作成してほしいです。

まずは見積りのほどよろしくお願いいたします。

---

❿添付ファイル（任意）

※ファイル上限5つまで、サイズは100MB以内であれば可能。イメージに合った画像を作成してもらううえでは必須。必ず素材とイメージ図を添えること。P301〜参照

⓫参考URL（任意）　※クラファンLPのURLがあればイメージを伝えるために必ず記載する。まだ提示できないのであれば、添付ファイルにて原稿を添付すること

【予算】
❶予算（必須）※わからなければ「見積り希望（要相談）」で可

【期限】
❶提案期限（必須）
❶納品希望日（必須）　※後で変更可能

■ バナー画像デザインの外注さん選びの注意点

△ 価格だけでなくプロジェクトに合ったデザイナーさんを選ぶ

　本書ではできるだけ安価に外注できる手段をお伝えしていますが、単価だけでデザイナーさんを選ばないようにしましょう。**値段だけで決めてしまうと、自分でもできるくらいのクオリティに仕上がってしまうこともあるためです。**

　また、デザイナーさんのプロフィールに「なんでも対応します」「なんでもお任せください」と掲載されていることがありますが、あまり鵜呑みにしないでください。ほとんどのデザイナーさんは、得意・苦手があります。過去の成果物（ポートフォリオ）も確認し、自分の発注したいイメージに合うかどうかを判断するようにしてください。

△ イメージを詳細に伝えることで安価にイメージ通りの画像ができる

「こんな感じでお願いします」など、ざっくりした注文では、イメージに合わない画像を納品されてしまいます。また、素材まですべてお任せにすると、制作工程が増え、さらに有料画像の素材の費用までかかることがあるので報酬が高くなる傾向があります。

　理想は、使ってほしい素材（「写真AC」などで商用利用できる画像を使う）を指定し、手書きでいいのでイメージ図も送ることです。そうすることで、安価でイメージ通りの画像を作成してもらえます。さらにデザイナーさんのイメージが湧くように、LPのURLか原稿の下書きを送るようにして、どんな人向きの画像なのかを伝えましょう。

必ず詳細のイメージを送る

使ってほしい素材や手書きのイメージを送る

実際にLPで使用した画像

■ デザインだけでなくライティングも
外注する場合の注意点

　予算に余裕があり、LPの原稿を作る手間をなくしたりクオリティを上げたりしたい場合は、LPライティングも外注するのも1つの手です。ただし、ライティングを外注する場合も、本書でお伝えした次のことを踏まえて、詳細に意図を伝えるようにしてください。丸投げするほど単価は高くなりますし、ターゲットのずれたLPが納品されるなど、良いことがありません。本書の内容をもとにして、最低限以下のことは伝えるようにしてください。できれば骨子まで示すと安価に確実なLPの原稿を作成してもらえます。

> ● 商品の最大のPRポイント（USP）
> ● 商品のターゲット（ターゲット消費者深掘りシートを利用）
> ● ターゲットとする支援者の悩みや希望
> ● 商品の特徴、機能説明、使い方
> ● 商品の主な利用シーンやターゲットのベネフィット

　なお、デザインやライティングを外注する際は、修正のやり取りが可能かどうかを確認するようにしてください。クラファンLPでは、修正のやり取りが発生する機会は主に2回あります。1つはMakuakeに審査を出す前の訴求力の確認時、1つはMakuakeの審査で広告規制絡みの修正が発生したときです。両者で修正が発生する可能性があることを伝え、どこまで対応してもらえるのかを確認しましょう。

Chapter 6

目指すは
「行列のできるラーメン屋」
―支援を最大化するための
広告・拡散戦略

クラファンの出品申請が終わり、審査が通過したらいよいよプロジェクトの開始です。プロジェクト期間中はただ支援を待っているだけでなく、支援を最大化させるために広告などでプロジェクトを拡散させます。コストをかけずにクラファン初心者でも取り組める方法と、中上級者向きの方法があるので、本書ではレベル別に分けて解説します。

クラファンの成功の鍵を握る3つの期間
～行列のできるラーメン屋さん理論～

　クラファンの期間はだいたい45〜60日くらいで設定しますが、どのくらいの期間にしたとしても、支援金額の推移はだいたい次の通りになります。

一般的なプロジェクト期間と支援額の関係

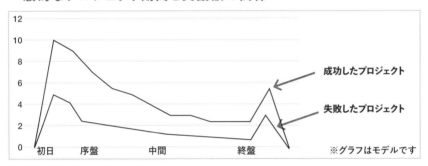

　プロジェクト初日〜序盤までの期間を一般的に「スタートダッシュ」、中間の時期を「中だるみ」、終盤を「ラストスパート」と呼んでいます。上図のとおり、もっとも支援が集めやすいのがスタートダッシュです。特に初日は支援が集まります。その後徐々に支援は落ち着いてきて、終盤になってまた伸びやすくなります。どんなプロジェクトでも、どのクラファンサイトを使ってもこの特徴は大きく変わりません。プロジェクトが成功しても、失敗しても同じような推移になります。

■ 重要なのはスタートダッシュ
～行列のできるラーメン屋さんを作る～

　クラファン期間中でもっとも重要な時期が、もっとも支援を集められるスタートダッシュです。上図のように、スタートダッシュで支援がうまく集まると、その後の中だるみ以降でも支援が集まりやすくなります。

　なぜかというと、ラーメン屋さんで言えば「行列のできているラーメン屋さんはますます行列を呼ぶ」のと同じ原理です。例えば以下のラーメン屋さんのプロジェクトがあったとして、あなたはどちらのラーメンを食べたいですか？

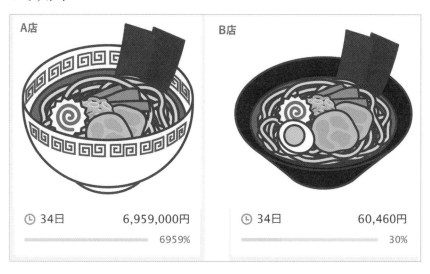

A店		B店	
🕐 34日	6,959,000円	🕐 34日	60,460円
	6959%		30%

　ほとんどの人は、大きな支援を集めているA店のラーメンを食べたいと感じるはずです。B店のラーメンは、あまりおいしくなさそうですよね。**このように、クラファンの支援者は、支援が集まっている人気商品を買いたくなります。**これをバンドワゴン効果と言って、支援が支援を呼ぶ仕組みを作れるのです。しかも、スタートダッシュに成功すると、各クラファンサイトのトップページやメルマガに掲載されやすくなるので、露出も増やすことができます。

行列のできるラーメン屋さんとクラファンの関係

開店初日のラーメン屋さんに行列ができる	プロジェクト初日に支援がたくさん集まる
「ここのラーメンは美味しそうだ！」	「これは良い商品に違いない！」
「自分も並ぼう」	「自分も買おう」
行列を見たテレビ局が取材して番組で紹介して広く知られる	クラファンサイトのトップページやメルマガに掲載されて広く知られる
ますます繁盛する	ますます支援が集まる

△初日の支援金額の目標を決めよう

　スタートダッシュは、期間全体の1〜2割程度ですが、クラファン成功を左右する重要な期間なので、初動に8〜9割の力をかけるようにしましょう。ただ、初日の理想の支援金額については、ご自身の最終的な目標支援金額によって変わってきます。**目安としては、ご自身のレベルに合わせて、右ページの表のように目標金額の30％程度を目指してみましょう。**これは、Makuakeのデータでは、初日で30％以上を調達したプロジェクトの成功率は95％とされているためです。

	終了時の目標支援金額	初日の支援金額
初心者	100万円 （利益約30万円）	～30万円 （サクセスバッジが確実に付く程度）
中級者	300～500万円 （利益約100～150万円）	100～150万円 （ランキングやメルマガに掲載される程度）
上級者	1,000万円 （利益約200～300万円）	300万円～ （ランキング上位に掲載される程度）

　ここで、ご自身の目標支援金額をどうするかによって、大きく広告・拡散戦略が変わってきます。広告費をかければスタートダッシュは成功しやすくなりますが、広告負けするリスクを伴います。そのため、経験を積んで良い新商品を発掘できるようになりながら200万円、300万円、500万円と目標を上げるのがいいでしょう。広告・拡散については初心者と中上級者で戦略が違うのでレベル別に詳しく解説します。ただ、結果的に初心者でも支援が1,000万円を超えることはありますし、中上級者でも100万円程度のこともありますので、目安と考えてください。

　なお、P263～で紹介したフロスハンドル（Makuakeで起案）は、初日で支援300万円超を得られ、支援者数600人程度でしたが、次の結果が得られました。

●Makuakeメルマガ号外の新規案件紹介の最初に掲載
●今日のランキング2位
●トップページ各所にて掲載（新着のプロジェクト／本日のあなたへのおすすめ／注目リターンなど）
●リターンの売り切れ続出でリターンを追加補充

　結果的に露出を大きく増やすことができました。またリターンを追加補充しないといけないくらい支援が集まったので、「早く買わないと売り切れてしまう！」と支援者に強く購入を促すことにも成功しています。

△【参考】「今日のランキング」掲載の目安（Makuakeの場合）

　トップページ掲載のランキングについては、日によって変動はするので「いくら売れば何位に入る」と断定的なことは言えません。しかし、参考として経験値を紹介します（いずれも Makuake の例です）。

> ●1日80万円の支援を得たプロジェクトが9位
> ●1日150万円の支援を得たプロジェクトが5位
> ●1日300万円の支援を得たプロジェクトが2位
> ※2022年4月頃のデータ（自社調べ）

　このようなことから、ランキングに掲載されるにはだいたい70〜80万円、横スクロールしなくても表示される4位は200万円くらいが目安と考えられます。参考値として知っておいてください。

初日でランキング2位

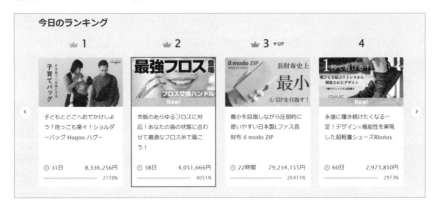

Makuakeで当日のメルマガ掲載を狙う作戦（2023年5月時点）

　最近、Makuake 側の仕様が変更され、これまでは日中公開でも17時のメルマガに掲載できていましたが配信時間が12時に変更となり、当日のメルマガ掲載を狙うならば、**今は11時までに公開すると同日12時の**

Makuake社のメルマガ掲載率が上がります。スタートダッシュでメルマガ掲載を狙いたい場合は耳寄りな情報ですね。

■ 中だるみ期間でも支援を集める

プロジェクト中盤にあたる中だるみ期間は、もっとも支援が集めにくいところがあります。しかし、ここで何もしなければ露出の機会がなくなり、スタートダッシュで成功した恩恵を得られなくなります。**せっかく支援を得られやすい状況になっているのであれば、中だるみ期間でも何らかの施策で露出を高めましょう。**期間は長いのでさまざまな打ち手を講じることができます。具体的にはSNS広告、プレスリリース、YouTube戦略などです。あとはマメにSNSやクラファンサイト上に活動報告するようにしましょう。

■ ラストスパートで支援が再度集まりやすくなる

プロジェクト終盤のラストスパートは、支援者が「この機会を逃したらもう買えないかも」と感じる時期です。そのため、スタートダッシュほどでなくても駆け込み需要で支援が集まりやすくなります。**極力SNSやクラファン内に「残りあと○日です」と情報発信して、駆け込み需要を促しましょう。**

支援者1/3の法則
～レベル別拡散戦略～

Indiegogoが2013年に「クラウドファンディングで成功するためのヒント」として紹介したものに「支援者1/3の法則」というものがあります。これは、下図のように支援者の内訳が、主に「友達」「友達の友達」「知らない人」で1/3ずつ分けられるというものです。成功プロジェクトの内訳が必ずしも均等になるわけではないですが、拡散戦略を考える際は、支援者の内訳ごとに戦略を考えることが重要です。

支援者1/3の法則

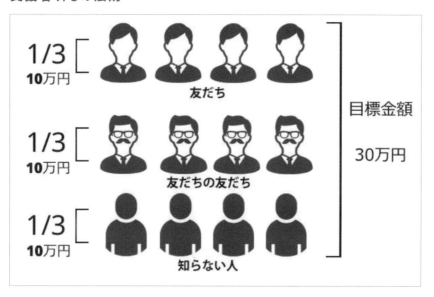

支援者の内訳を3つに分類した場合の拡散戦略を次の表にまとめると、大まかに無料でできる戦略と、有料の戦略に分けることができます。

支援者	拡散戦略	有料・無料
友達	友達や家族に直接連絡する	無料
友達の友達	友達や家族の紹介 SNSのフォロワーに拡散	無料
		無料
	自社リストで拡散	無料
知らない人	クラファン内で認知拡大を図る（活動報告等）	無料
	メディア掲載（投げ込み）	無料
	インフルエンサー依頼（主にYouTube）	有料・無料
	メディア掲載（プレスリリース）	有料
	広告出稿（開始前、期間中）	有料

　リスクを取りづらい初心者の方は、無料の施策を中心に行い、リスクなく確実な方法を取るようにしてください。どうしても支援額を爆発的に集めることは難しくなりますが、利益率が高くなり、手元の利益が残りやすくなります。

　中上級者で大きな支援を狙う場合は無料・有料問わずさまざまな施策を行います。広告費を使えば、当然利益率は低くなり、広告負けするリスクは伴いますが大きな支援は得られやすくなります。**初心者は利益率重視、中上級者は利益額重視の戦略になります。**

　しかし、初心者でも広告を出して大きな支援を得たいという場合は挑戦していいと思います。実際に「リピーターが付いていない初心者こそ広告が必要」と考えて、初めてのプロジェクトで広告を出す人もいます。商品力が高いと判断できれば、挑戦してみるといいでしょう。しかし無理はせず、スタートダッシュ対策のティザー広告など効果の高い方法を優先するようにしてください。

初心者が支援100万円を
達成できる広告費不要の拡散戦略

　これまでの話を踏まえて、ここからレベル別にスタートダッシュ、中だるみ、ラストスパートの拡散戦略について解説します。クラファンが初めての方で、広告予算が十分でない場合は、無料で確実に支援を得られる施策がおすすめです。

■ 無料だが確実に支援を得られる
　スタートダッシュ戦略

　広告予算が十分でない場合も、スタートダッシュの戦略には力を入れるようにしてください。クラファンが初めての方は、まずは「支援者1/3の法則」のなかで、信頼できる友達やご家族に声をかけてみてください。

　ただ、友達や家族に商品を販売することに抵抗がある方もいるかもしれません。そこで、本書では抵抗なく喜んで商品を買ってもらえて、しかも紹介が出る施策をお伝えします。まずは、スタートダッシュで成功するためにプロジェクト開始前に行う施策について解説します。

△ SNSのチャット機能やメール・電話で友達に直接告知する

　メール、電話、SNS（LINEやFacebookなど）のチャット機能などを使って、親しい友人や家族にはプロジェクトのことを知らせるようにしましょう。特に商品のターゲットに近い人ほど確実に支援を得られるので、臆することなく連絡してみてください。「この人なら買うだろうな」という人であれば、告知するのも抵抗はあまりないでしょう。

　ターゲットに合う人であれば、「ちょうどこういうのが欲しかった」と好反応を得られることが多いです。明らかにテンプレ感のある内容はスルー

されがちなので、なるべく個人に合わせたメッセージをしてください。メッセージする際は、LPで表現したような商品の魅力を十分に伝えて、今なら早割価格で商品を購入できる旨をしっかり伝えてください。どうしても抵抗があれば、想いをしっかり伝えて「欲しい人がいたらぜひ紹介してください」とするのも1つの手です。実際に思った以上に紹介してくれます。

△ 友達や家族にLPの意見を聞いてみる

　商品のターゲットに近い人にLPの意見を聞いてみるのもおすすめです。「今度プロジェクト立ち上げるんだけど、これ見て買いたいと思える？」とアプローチしてみることで、抵抗なくプロジェクトの告知ができるためです。また、率直な意見を聞くことで、よりわかりやすく想いの伝わるLPに改善できるので一石二鳥です。特にトップサムネイルやタイトルは重要なので参考になる意見を聞いておきましょう。もらった意見をLPに反映すれば、さらに支援が集まりやすくなります。

　プロジェクトの裏側を見せることで、支援や応援を加速させて友達や家族を味方につけられるチャンスです。紹介を生んでくれる可能性がありますし、今後のプロジェクトでも支援してくれる可能性が高くなります。なるべく多くの関係者を事前に作っておくようにしましょう。

■ プロジェクトが始まったら必ずやりたい 無料の拡散戦略

　プロジェクトが始まったらやるべきことは、クラファンユーザーに認知と信頼を高めるために活動報告をし、コメントしてくれた人にお礼をすることが基本です。

活動報告と応援コメントのお礼は確実にすること
（Makuakeの例）

△ 活動報告

　Makuake、GREEN FUNDING、CAMPFIRE ともにプロジェクトが始まったら、積極的に活動報告するようにしましょう。**なぜかというと、いずれも活動報告した内容がトップページに掲載され、支援者の目に留まりやすくなるためです。**掲載されている時間は短いですが、他のトップページ掲載は支援額（Makuake や GREEN FUNDING など）や広告（CAMPFIRE など）によるものが多いなかで、活動報告はアップさえすれば掲載されます。具体的には次のような活動報告をすることで、プロジェクトが活発に賑わっている様子を伝えることができます。また、活動報告は支援者に通知されるので、プロジェクトの進捗があれば随時報告して安

心感を与えるようにしましょう。本来、活動報告は支援者に対するプロジェクトの進捗を伝えるものなので、終了後も進捗状況の報告をするようにしましょう（Chapter7 P347〜）。

●プロジェクト開始
●プロジェクトの進捗（製造・生産の過程など）
●目標支援金額達成（サクセスバッジが付く額。「わずか○分で目標達成!」等）
●支援金額○○万円突破
●新たに出てきた質問に対する回答
●トップページ、メルマガ（ニュースレター）掲載
●メディア掲載（テレビ、雑誌、Webメディア、インフルエンサー紹介など）
●リターン追加（「好評につきリターン追加!」「明日○時より再販売開始!」等）
●商品機能や魅力を伝える
●プロジェクトがあと○日で終了

　トップページ掲載時間が短いので、なるべくターゲットに合わせた時間帯を選ぶようにしてください。例えば男性の会社員を主なターゲットにするのであれば、朝の通勤中や昼休憩の時間、夜リラックスしている時間帯です。ティザー広告（P321〜）を出した方は、LINEを配信する時間を目安にするのもいいでしょう。頻度としては、10日〜2週間に1度くらいが目安です。

　なお、LINEやFacebookページ、インスタなどのSNSがある方は、上記のようなことをSNSでも積極的に配信していきましょう。

Makuakeの活動レポート

GREEN FUNDINGの活動報告

CAMPFIREの活動報告

△ メルマガ（ニュースレター）の掲載をダメ元で依頼

　Makuake や GREEN FUNDING については、ある程度の支援を得られるとメルマガ（ニュースレター）に掲載される可能性があります。基本的にはクラファンサイト側で選定するので待ちの姿勢にはなります。**しかし、スタートダッシュがある程度成功していれば、メルマガの掲載をキュレーターにお願いしてみるといいでしょう。**メルマガに掲載されれば、かなり大きな支援を集めることができます。キュレーターとの関係性もあり、また必ずしも要望が通るわけではありませんが、コストがかかるわけではないのでダメ元でお願いしてみましょう。

△ 応援コメントのお礼

　Makuake や CAMPFIRE は、支援者からの応援コメントに対して返信ができる機能が付いています。**応援購入してくれた支援者からのコメントに対しては、一つひとつお礼のコメント返しをするようにしましょう。**成功プロジェクトの場合は、応援コメントが多くて返信が大変かもしれませんが、せめて「拍手」というスタンプ（Facebook やインスタの「いいね」に近い機能）だけでも押すようにしてください。

　理由としては、応援してくれた人への礼儀というのもありますが、支援検討中の人は LP だけでなく応援コメントも見ます。コメントに対して何もお礼のコメントがないよりあったほうが、実行者の人柄や信頼性、プロジェクトの賑わい感が伝わるので印象がかなり違います。実際に LP を見て迷った人が応援コメントを見て離脱したり、逆に安心して購入を決めたりすることもあります。

「このたびは応援購入頂き、ありがとうございます。なるべく早めのお届けを目指してプロジェクトチーム一同頑張って参ります。今後ともよろしくお願いいたします」

　など簡単でいいので、誠実に支援者に対してお礼のコメントをしてください。

■ 商品と親和性の高いメディアに投げ込み （掲載依頼）してみるのもあり

プロジェクトがメディアに掲載されることがありますが、ただメディアから連絡が来ることを待っているだけではありません。**PR TIMES などのプレスリリース配信代行リリースを利用したり、メディアに直接投げ込みをしたりして自分から積極的に動きます。**

PR TIMES は効率よくメディアに注目されますし、場合によっては大手企業もチェックして卸案件に繋がることもあります。ただし1配信約30,000円程度のコストがかかるので費用対効果や優先順位を考慮する必要があります（詳細はP333～）。

しかし、自分からメディアに直接掲載依頼するのはコストがかからない方法ですし、意外と成果が出るやり方です。しかも法人・個人事業主問わず興味関心を示してくれる傾向にあります。特に商品と親和性の高い専門雑誌やWebメディアであれば掲載してくれる可能性が高く、雑誌を読んだ人から支援される可能性も高いです。例えばキャンプ用品であればアウトドア雑誌にアプローチしてみましょう。

また、地方のテレビ局に投げ込みするのも有効です。例えばメーカーや職人のいる都道府県のテレビ局などです。**地方のテレビで取り上げられると、全国ネットのテレビ局も注目して連鎖的に取り上げられやすくなります。**なぜなら、「**テレビで1回取り上げられたということは、掲載時にその媒体での与信審査が済んでいるということなので、自社メディアで紹介しても問題なさそうだ**」とテレビ局側が考えるためです。リスクがないことなので、クラファンが初めての人でも臆することなくメディア掲載に動いてみましょう。

ただし、LPで記載されているような商品の魅力や信頼性を十分伝えておく必要があります。PR TIMESなどを利用する場合でも同様ですが、記者さんが別途裏を取る必要がないくらい十分なエビデンスと、わかりやすい説明をするようにしてください。

【中上級者向き】プロジェクトが
大繁盛するための広告・拡散戦略

　次に、中上級者向きに広告戦略も含めて大きく支援を伸ばすための施策について解説します。中上級者といっても、経験値や扱う商品によって目標とする支援金額は変わりますが、施策としては大きな違いはありません。**（この項目は広告運用の話になるので、広告を使わない人や初心者は飛ばして読んでください）**

■ SNSを使ってあらゆる手段を取る

　もし、FacebookやTwitter、InstagramといったSNSアカウントを持っていれば、プロジェクト開始前に告知して無料で拡散するのも有効です。商品のターゲットとは言えない人も多くいるので、効果は限定的かもしれません。しかし、今後クラファンを続けるとしたら、「こういう物販ビジネスを始めた」というブランディングをすることで、SNSのフォロワーに徐々に興味を持ってもらうことができます。そのため、長い目で日頃から発信するようにしてください。

　また、プロジェクト開始前の事前告知としては、「こんな商品を早期割引価格で販売することにしました。**LINE**に登録することで見逃すことなく特価で購入できます」と事前に見込み客を集めるために使うティザーLP（P321〜）に誘導するといいでしょう。SNSの投稿でも商品の魅力を伝えることを忘れないようにしてください。時期としては、プロジェクト開始前日〜3日前 くらいのタイミングが目安です。自分と関係のある多くの人に認知してもらえるようにアプローチしていきましょう。

　特に**Facebook**についてはプロジェクト開始前に限らず、日頃から情報発信するようにしてください。これはブランディングの意味もありますが、Facebook広告を使う場合のアカウントの信頼性向上のためでもあります。

Facebook広告は個人のFacebookと紐づける必要があり、極端に利用が少ないとアカウントの停止リスクがあります。具体的には日頃から投稿していない、友達の投稿にもコメントも「いいね」もしていない状態です。なぜかというと、詐欺アカウントが近年増えてきて、日常的に使用していないFacebookアカウントを警戒しているためです。そのため、頻繁でなくていいので日常的にFacebookを使うようにしましょう。

■ 経験者は既存の見込み客リストに事前告知をする

　すでにクラファンを経験している人は、既存のLINEリストなどに新商品の事前告知を行うようにしましょう。今まで起案したプロジェクトのシリーズ商品など類似案件になると購入してもらえる確率が高いです。

　クラファンは、このように何回もプロジェクトを起案することで、見込み客のリストを増やすことができます。実際にリピーターになってくれる支援者も少なくありません。既存の見込み客が多ければ多いほど広告費を削減できるので、これまでの感謝の意味も込めて新商品の告知もするようにしましょう。

■ クラファン期間中の有料広告戦略の主な種類

　クラファン期間中の有料広告については、大きく分けてティザー広告と期間中広告、メディア戦略の3種類があります。本書では、3種類の広告を分けて詳しく解説します。優先順位を考えて行うようにしてください。

	ティザー広告	期間中の広告運用	メディア戦略
時期	プロジェクト開始3週間前～開始当日	プロジェクト開始～終了まで	プロジェクト開始～中だるみ期間
媒体	●自社のSNS広告 ●CAMPFIREは代行あり	●自社のSNS広告 ●クラファンサイト代行	●プレスリリース ●メディア掲載 ●インフルエンサー戦略
目的	スタートダッシュ成功	期間中の支援	期間中の支援
経路	広告→ティザーLP→LINE公式	広告→クラファンLP	－

△ ティザー広告の概要

　ティザー広告とは、主にプロジェクト初日の大きな支援を得ることを目的に、開始前にSNS広告を配信し、見込み客リストを獲得する方法です。ティザーとは、一般的には発売前の新商品を宣伝し、発売までに期待感を高める戦略を言います。

　具体的には、Facebook広告やインスタ広告経由で、事前告知を目的としたティザーLPに流入し、LINEの友達登録を促します。**ティザーLPとは、Chapter5で作成したクラファン用のLPに、リターン情報を削除してLINE登録ボタンに変えただけのLP**です。LPの基本的な掲載内容を変える必要はないので、2～3時間程度で簡単に作成できます。

　ティザーLPで友達に登録した見込み客に対しては、プロジェクトがスタートしたら、その旨をLINEで通知して初日の支援を促します。うまくいけば、下図のようにプロジェクトスタート直後から、連続的に支援のあった通知があります。

　クラファンではスタートダッシュが何よりも重要なので、一番優先すべき広告戦略です。特に初心者で広告に挑戦したい人は、まずはティザー広告を最優先で考えましょう（自力が無理なら代理店を検討）。

プロジェクトスタート直後の支援通知メール

△ 期間中の広告の概要

　プロジェクトが開始されてから終了までに出稿する広告のことで、支援を集めにくい中だるみ期間中でも認知を高めて支援に繋げます。**期間中の広告はChapter5で作成したクラファンLPに流入し、直接支援に繋げます。**特にスタートダッシュに成功したプロジェクトについては、せっかくの賑わい感を切らさないように支援を集めることが大切です。

　主な広告出稿については2種類あり、1つはティザー広告と同様の自社のSNS広告、1つはクラファンサイトに代行する広告があります。

△ メディア戦略の概要

　メディア戦略とは、P318〜でお伝えしたテレビや雑誌への投げ込みの他、PR TIMESなどのプレスリリース配信代行サービスといった有料のメディア戦略を含みます。

　また、上級者の方はYouTuberなどインフルエンサーに商品を提供して紹介してもらう方法も検討します。報酬が商品提供だけで済む場合（無償）と、別途報酬が発生する場合（有償）があるので、ご自身の予算に応じてインフルエンサーを選びます。

△ 広告予算はパフォーマンスによって変更することもある

　ティザー広告や期間中の広告については、特に初心者の方は無理のない予算範囲で広告を運用するようにしてください。ただし、広告のパフォーマンスの結果次第では当初設定していた予算を増やしたり減らしたりする判断も必要です。

　広告のパフォーマンスがいいということは、安い広告費で効率よくリスト獲りや支援を集めることができていることなので、予算を増やさなければ機会損失になります。逆に広告のパフォーマンスが悪ければ、いくら広告費を投入してもリスト獲りや支援を集められません。改善を図ってもパフォーマンスが好転しなければ広告負けのリスクがあるため、いくら広告予算が余っても打ち切る判断も必要です。そうすることで、予算を節約で

き、余った予算をおかわりクラファン（P342〜）用に確保しておくことも
できます。

　利益計算のときに広告費の目安を設定していたとしても、実際の運用状
況に応じて臨機応変に対応するようにしてください。**広告運用で心がける
ことは、攻めるときは攻めて、引くときは引くというメリハリ判断です。**

　プレスリリースやYouTuberなどのインフルエンサーの依頼については、
正直やってみないとわからない部分もあるため、設定した予算の範囲内で
行うことをおすすめします。ただし、支援が大きく集まっているときは露
出が増えた方がいいので、場合によってはメディア戦略も思い切って取り
組みましょう。

■ ティザー広告

　広告施策の中では、スタートダッシュの成果を左右するティザー広告は一
番優先順位の高い広告施策です。有料の広告施策のうち、8割の力をティ
ザー広告にかけましょう。**ティザー広告で用意するのは、主に「ティザー
LP」、「Facebook広告（＆インスタ広告）」、「LINE公式アカウント」の
3つです。** 本書では、ティザー広告の予算の考え方と、ティザーに必要な3
つについて主に解説します。

△ ティザー広告の予算の考え方

　**広告戦略の最優先事項となるティザー広告の予算については、最終的な
目標支援金額から逆算して考えましょう。** 例えばクラファン終了時の目標支
援金額を500万円とする場合、初日の目標は30％ですから、初日の目標支
援金額は150万円となります。商品単価が15,000円であれば100人の支援
が必要です。見込み客リストからの想定購入率（CVR）が10％を想定して、
見込み客が1000人必要です。仮にリスト獲得単価（CPA）を500円とすれ
ば、新たに1,000人の見込み客を獲得するには50万円の予算が必要となりま
す。このように、次の表にあてはめてティザー広告の予算の目安を考えてい
きましょう。

❶最終の目標支援金額＝①＿＿＿＿＿円	
❷初日の目標支援金額＝①＿＿＿＿円×30％＝②＿＿＿＿＿円	
❸必要な見込み客数＝②＿＿＿＿円÷商品単価＿＿＿＿円÷想定購入率 10％＝③＿＿＿＿人	
❹ティザー広告費＝③＿＿＿＿人×リスト獲得単価500円＝④＿＿＿＿＿円	

△ ティザーLP

　クラファンLPができていれば、ティザーLPの作成は非常に楽で、基本的にはLINEの登録ボタンを加えるだけです。早期割引については伝えたほうがいいですが、ティザーの時点でリターン価格を知らせる必要はありません。ティザーは商品の購入ではなく、LINEに登録してもらい、開始当日まで楽しみに待ってもらうことが目的のためです。また、リスク＆チャレンジも不要となります。ティザーLPとクラファンLPで伝えていることが違っていれば、見込み客が違和感を覚えるので、むしろ大きく変えないほうがいいでしょう。

❶ LP作成用ツール

　ティザーLPの作成には、WordPressの他、さまざまなLP作成用のツールがあります。WordPressが使い慣れていない方であれば、LP作成用のツールを使うといいでしょう。個人的にはドラッグ＆ドロップやページの複製などで2～3時間程度で簡単に作成できるペライチやStrikinglyなどがおすすめです。ただし、独自ドメインの設定や後述する効果測定用のタグ挿入（P326）は有料になるので、料金プランを確認して利用してください。

ペライチ（https://peraichi.com/）

Strikingly（https://jp.strikingly.com/）

❷ LINE登録ボタンの設置

　LINEの登録ボタンは、LINE公式提供の「友だち追加ボタン」を利用することで問題ありません。**次のようにトップサムネイルの直下と一番下に配置し、フローティングメニュー（画面をスクロールしても固定の位置に常設されるボタン）も配置して、どのタイミングでも登録できるようにしておくのがおすすめです。**WordPressではなく、ペライチやStrikinglyを使ってLPを作成する場合は有料になりますが、反応率が上がるのでなる

べく配置ください。なお、ボタン周りにはプロジェクト開始日と、早割価格で購入可能など登録するメリットを掲載しましょう。

また、**LINEの使用頻度が少ない人向きに、メールアドレスの登録ボタンも用意してもいいでしょう。** たまにLINEを嫌がる人や使いこなせない人もいます。全体の1～2%程度なので、メルマガスタンドを利用するほどではありません。メールアドレスを登録した人に発信するメッセージはLINEと同様で大丈夫です。

ティザーLPのLINE登録ボタン

❸ クリック率やリスト獲得数を図れるようにしよう

　広告運用する際は、クリック率やリスト獲得数などを図ってパフォーマンスを確かめることが大切です。そうでないと、予算の増減や広告クリエイティブの最適化（P328）の判断ができません。

　そのため、Google Analyticsを設定してCV（コンバージョン）計測できるようにすることと、「タグ」（Facebookピクセル）と呼ばれるパフォーマンスを測定するコードを挿入するようにしましょう。タグの挿入はペライチやStrikinglyでは有料になりますが、簡単に設置することが可能です。

❹ スマホでの視認性と読み込み速度を確認

　ティザーLPの作成が終わったら、スマホでの視認性を確認しましょう。チェックポイントは、クラファンLPと同様です。また、スマホでの読み込み速度も確認して、ストレスになるほどであれば画像の圧縮などで改善してください。

❺ 迷ったらティザーLPでA/Bテストするのもあり

　クラファン用のLPはひとつしか掲載できませんが、作成中にトップサムネイルなど複数のパターンを思いつくことがあります。その場合は、ティザーLPで複数のパターンで作成してみてA/Bテストするのもいいでしょう。

　A/Bテストとは、複数のパターンを試しながら反応のいいLPに最適化することを言います。A/Bテストをしたとしても、プロジェクトスタートまでに修正しなければいけないので時間が限られますが、どうしても迷ったら実施するのもありです。

△ SNS広告

　広告については様々ありますが、クラファンの場合はGoogle広告やYahoo!広告よりは今のところはSNS広告の相性がいいです。**特にティザーではFacebook広告を使うことが多いです。**Facebook広告は同じグループ会社であるインスタにも広告を出稿でき、Facebookもインスタもユー

ザーの目に留まりやすいところに表示されます。

　SNS広告はGoogle やYahoo!広告に比べると初心者でも取り組みやすい
ほうです。**また最近はAIなどの技術進化で勝手に最適化する精度が高い
ので、初心者が頑張っても成果は出しやすいです。ただ、実際の設定など
が難しければ、広告代理店に設定だけ依頼するのもありです。**広告をご自
身でも学ばれたい方は、広告運用に関する書籍を読んで勉強してもいいの
ですが、細かい運用は広告代理店に任せることがおすすめです。Facebook
広告を得意とする広告代理店もココナラやランサーズ、クラウドワークス
などでたくさんいるので、探してみてください。また、各クラファンサイト
の担当キュレーターが紹介してくれることもあります。どちらにしても、
実績を十分確認するようにしてください。本書では、重要な広告クリエイ
ティブやパフォーマンスの確認について解説します。

❶ 広告クリエイティブは画像を複数用意し、同時運用で最適化

　Facebook広告やインスタ広告は、クリエイティブと呼ばれるテキスト、画
像、動画などの広告素材を使って表示されます。クリエイティブで「気にな
る」と思わせることができれば広告がクリックされ、ティザーLPに誘導でき
ます。クリエイティブの出来はクリック率を左右する重要な要素となります。
　**クリエイティブは、トップサムネイルなどLPで使用した写真を中心に5
枚用意して作成します。**画像については1,080×1,080pxの正方形サイズに
しないといけませんが、基本は利用シーンや機能が伝わるものなど反応が良
さそうな画像を選びます。そして、実際に運用してみてA/Bテストを行い、
クリックの高いクリエイティブに絞って最適化します。トップサムネイルなど
テキスト入りの画像が好反応とは限らず、むしろテキストのないシンプルな
画像の方がクリック率は高いとも言われています。そのため、様々な画像で
試すようにしてください。
　クリック率の目安は3〜4%程度が標準です。いずれも3〜4%を下回る
ようであれば、別のクリエイティブを用意しましょう。リスト獲得も重要で
すが、そもそもクリックされなければリストは獲得できません。クリック率の
高いクリエイティブを選ぶようにしてください。

❷ クリック率やリスト獲得単価を図り運用を改善する

　先ほど解説したように、**ティザー広告については、クリック率（CTR）やリスト獲得単価（CPA）を測定して運用を改善するようにしましょう。**具体的には、次のように広告予算を見直したり、クリエイティブやLPを修正したりします。基本的には広告代理店が管理して最適化してくれますが、目安として知っておいて損はありません。ただ、CPAについてはあくまで目安で、商品や単価によって大きく変わってきます。具体的には商品単価が高ければ、ある程度高いCPAは許容できます。逆に商品単価が低い商品は、低いCPAでないと広告負け（広告費分が赤字化）しやすくなります。

　ティザーに関してはCPAも重要ですが、CTRが特に重要になります。そもそもクリックされなければ登録されませんし、認知も広がらないからです。CPAばかり重視して、CTRを軽視しないようにしましょう。CTRの標準を3～4%として、広告予算やクリエイティブの改善を図るようにしてください。

クリック率（CTR）とリスト獲得単価

	CPA300円以下	CPA500円以上
CTR4%以上	広告予算増	ティザーLP改善
CTR3%以下	クリエイティブ改善	クリエイティブ改善 or広告予算減

△ LINE公式

　クラファン当日までLINEに登録した見込み客に対して、クラファン当日にプロジェクトスタートを伝えて、初日の購入を促します。メルマガではなくLINEを利用するのは、開封率が高いためです。一般的にメルマガの開封率が10～30％に対し、LINEは60％と呼ばれています。また、LINE登録者数は2022年現在8,900万人と全人口の70%が使っています。

LINE については、獲得リストに一斉配信するために、個人で登録しているLINEとは別に「LINE公式アカウント」に登録しておく必要があります。料金プランは次のようになっていますが、「1ヶ月あたりのメッセージ通数＝リスト×配信数」であることに注意してください。例えば獲得リストが1,000件であれば、フリープランで1回配信すれば上限に達することになります。

個人のLINEではなくビジネス用のLINE公式アカウントに登録する

LINE公式アカウント料金プラン

料金プラン（税別）	フリープラン	ライトプラン	スタンダードプラン
月額固定費	無料	5,000円	15,000円
無料メッセージ通数/月	1,000通	15,000通	45,000通
追加メッセージ従量料金	不可	5円/通	～3円/通（追加メッセージ料金テーブル後述）

クラファンがスタートしたら、「今なら早割価格で支援できる」ことを周知して初日の支援を促します。クラファンスタート1〜3日前くらいに「○日スタートです」と告知してもいいでしょう。また、プロジェクトスタート後も、時々プロジェクトの進捗状況（「残り○日です」等）を周知することで、中だるみ〜ラストスパート期間も支援を得られます。しかし、何回も同じ内容で配信すると見込み客にブロックされる可能性が高くなりますし、料金プランのメッセージ通数の上限に達してしまいます。LINEに

登録している時点で、見込み客は商品に興味・関心を示しているので、忘れられない程度に適度な配信とするのがおすすめです。付かず離れずくらいの距離感を意識しましょう。以下、LINE配信のコツについていくつかお伝えします。

❶ プロフィールのアイコンはリターン用の写真に合わせる

　LINE公式アカウントで設定できるプロフィールのアイコンは、リターン用の写真に合わせるようにしましょう。実行者のアイコンであっても、見込み客は何の写真かわからず、最悪「これ何のLINEだっけ？」と忘れられてしまいます。

❷ LINE配信文は短く簡潔明瞭に

　LINEは長文を読むためのツールではないので、基本的には配信文は短めに入力します。適度に改行して、「＝＝＝＝＝＝＝」などの装飾を入れてもいいですが、スマホで確認するようにして、不自然な改行や装飾にならないように注意してください。

❸ 可能なら画像（リッチメッセージ）も入れる

　LINEは文章だけでなく、リッチメッセージと言われるリンク付きの画像も挿入することができます。リンクはご自身のクラファンLPで設定しておくといいでしょう。必ずしも必要ではないですが、画像を挿入したほうが、視覚的に支援を促しやすくなります。

△ CAMPFIRE（&machi-ya）ではティザー広告配信サポートがある

　これまで、ティザー広告については自社で運用するか、広告代理店に委託するのが一般的でした。しかし、CAMPFIRE（machi-ya等含む）は最近ティザー広告のサポートを開始しており、ティザーLP作成や広告運用を一式一任できます。CAMPFIREでプロジェクトを立ち上げる際は検討の余地があります。

■ プロジェクトスタート後の広告戦略❶
　期間中の広告

　プロジェクトが開始したら、クラファンLPに誘導して支援を促すプロジェクト期間中の広告を出稿します。初動に成功した場合は、トップページ掲載などで流入が増加し、支援が支援を呼ぶ好循環になっています。積極的に広告を出稿することも検討し、中だるみ期間も多く支援を集めるようにしましょう。

　方法としては2種類あり、自社や広告代理店に依頼する方法と、クラファンサイトに広告運用を委託する方法があります。広告に理解のある人であれば、自社で運用するのもいいですが、やや上級者向きです。特にMakuakeは効果測定用のトラッキングタグを挿入できないので、予算の増減や広告クリエイティブの改善の判断が難しくなります。そのため、基本的には期間中の広告はクラファンサイトに委託する方をおすすめしますが、各クラファンサイトで次のように特徴が違います。Makuakeについては、支援額や広告費に条件がありますが、変更されることがあるのでプロジェクトの都度確認するようにしてください。

クラファンサイトに運用委託できるSNS広告、Web広告

	Makuake	**GREEN FUNDING**	**CAMPFIRE (machi-ya)**
条件	①支援額70万円以上で掲載可能 ②広告費の下限あり	①支援額の条件なし ②広告費の条件なし	①支援額の条件なし ②出稿内容で条件あり
SNS広告	○ （Facebook、インスタ）	○ （Facebook、インスタ）	○ （LINE、Twitter、Facebook、インスタ）
Web広告	○ （criteo）	△	○ （Google、criteo、TimeTree、antenna、Amazon、楽天）
媒体の指定	×	×	×

※各クラファンサイトにSNS広告を委託すると手数料なしで広告実費で運用してくれるのでおススメです。

その他、CAMPFIREは、MakuakeやGREEN FUNDINGと違ってトップページの大半やメルマガ（ニュースレター）掲載も有料広告プランのひとつになっています。また、CAMPFIREはトップページ掲載、メルマガ掲載、SNS広告、Web広告などを一式依頼できるセットメニューがあるのでチェックしてみてください。

■ プロジェクトスタート後の広告戦略❷ プレスリリース

　ティザー広告と同様に、**クラファンスタート前から準備を進めたいのがプレスリリース配信代行サービスの利用です**。PR TIMESや@pressを例にすると、以下の料金プランで配信することができます。また、PR TIMESは、法人設立後2年以内の人は無料で配信できるなどのキャンペーンも時々あるので、その都度チェックしてみてください。

PR TIMESと@press

PR TIMES	【従量課金プラン】 1件33,000円（税込） 【定額プラン】 月77,000～88,000円（税込）
@press	・1配信33,000～65,780円（税込） ・3配信85,800～164,340円（税込）

※自社での経験上は、コストが高くてもPR TIMESのほうが反応が良い印象です。

△ 大手メディアにも取り上げてもらえる

　実例を挙げると、Chapter5で紹介したチタン製のフロスハンドルは、PR TIMESでプレスリリースを配信したところ、「Yahoo!ニュース」「Infoseek　楽天NEWS」「Ameba News」「crank-in」「Cumari」「exciteニュース」「BIGLOBEニュース」「jiji.com」に掲載されています。このように、プレスリリースを配信することで、さまざまなニュース媒体に掲載することができます。なお、メディアに掲載されたら活動報告やSNSでも掲載された旨を周知して、プロジェクトの盛り上がりを伝えましょう。

チタン製フロスハンドル FLOSSTIのYahoo!ニュース記事

また、配信した内容はプロジェクト終了後も残ります。SNS広告やWeb広告は止めたら、もう誰にも見られないですが、プレスリリースは常に残った状態になります。そのため、一般販売されたあともプレスリリースの記事を見た後に購入する人もいます。

△ 記者に取り上げてもらえるプレスリリースを配信しよう

　プレスリリースの記載内容は、LPの掲載内容を参考に掲載するといいですが、一番重要なことは対象が支援者ではなく記者である点です。**記者が記事にしたいかどうかを意識して掲載しましょう。**PR TIMES や @press の検索画面で「クラウドファンディング」と検索すればたくさん配信された記事が出てくるので参考にしてみてください。

　具体的には、まずはエビデンスが揃っていることです。なぜなら記者が新たに調査・検証する時間を省くことができるためです。そのうえで、作成したLPの内容を抜粋してもいいので、商品の機能や利用者のメリットを伝えるようにしてください。

チタン製フロスハンドル FLOSSTIのプレスリリース

　プレスリリースの1プロジェクトあたりの配信数については、ご自身の契約プランやプロジェクトの支援額にもよりますが、1配信だけで十分なことが多いです。あんまり何回も配信しても徐々に効果は薄れますし、類似のPRができません。例えば「支援100万円達成しました」と配信したあとに「支援500万円達成しました」というプレスリリースは配信できないことになっています。配信タイミングは、プロジェクトスタート時（「Makuakeで先行販売開始！」など）と達成支援金額達成時が考えられます。1配信に留める場合は、インパクトが大きく、賑わい感を伝えられる達成支援金額達成時に配信することをおすすめします。

■ プロジェクトスタート後の広告戦略❸ インフルエンサー紹介

　例えば、1,000万円以上の支援額を狙って広告を展開すると使う広告の選択肢もだんだん狭まってきます。そこで有効な手法の1つがこのインフルエンサー紹介です。商品のサンプルをインフルエンサーに配り、商品を紹介してもらうという方法です**特にクラファンで相性がいいのはYouTuber**です。報酬はYouTuberによってさまざまですが、登録者数20,000〜50,000人程度のマイクロインフルエンサーであれば、個人的な経験では3〜5万円程度で依頼できることが多いです。場合によっては無償で依頼できることもあります。商品の提供を報酬とすることができる点と、マイクロインフルエンサーのブランディング上にプラスになることが多いためです。少なくとも、紹介依頼があったこと自体を喜ぶインフルエンサーも多いので、交渉の余地があります。

　必ずしも支援が伸びるとも限らないので、ご自身の予算内で行うことがおすすめですが、特に動画で魅力が伝わりやすい商品は検討しましょう。

　またインフルエンサー選びはコストや登録者数などの数値のみならず、その視聴者の属性や「この人の紹介でモノが売れそうか？」という部分こそ、見極めポイントになります。選定が重要になりますが、その文当たると大きな反

響が得られます。

　実例としては、4,800万円の支援を集めたレーザー彫刻機「LEGAXIS」です。YouTuberに紹介してもらったことで大きくバズって、スタートダッシュ時より露出が増え、支援を伸ばすことができたのです。

4,800万円の支援を集めたレーザー彫刻機「LEGAXIS」

「LEGAXIS」の閲覧数（ページビュー数）の挙動

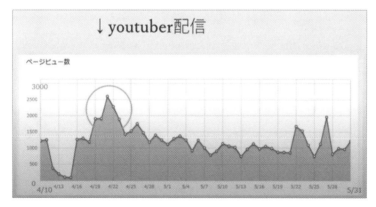

△ 重要なことは適正な属性を選ぶこと

　YouTubeのインフルエンサー選びで重要なことは、ご自身の扱っている商品の属性です。いくら人気YouTuberでも、まったく関係のない属性ではほとんど効果がありません。**登録者数も大事ですが、YouTuberが通常どのような内容で動画を配信するのかを重要視してください。**物販系（特に新商品）の紹介が多いYouTuberのほうが、購入までの影響力を持っていることが多いです。ただ、依頼しようとしているYouTuberが伸び続けているかどうかはチェックするようにしてください。最近あまり活動していない、再生回数が伸びていないYouTuberでは、あまり大きな効果は期待できません。

約45万回の再生回数となったLEGAXISの紹介動画

約13万回の再生回数となったLEGAXISの紹介動画

☆神ガジェット確定☆家庭用レーザー彫刻機「LEGAXIS」が凄すぎるし楽しすぎ！！

129,756 回視聴・2020/05/22

△ YouTuberのインフルエンサーへの依頼のコツ

実は初心者でも簡単です。チャンネルの概要欄に「お仕事はコチラ」という連絡先があるのでそこに「案件を依頼したい」とメッセージを送るだけ。向こうの方が慣れているので、リードしていろいろ提案や見積をしてくれるので簡単です（先方も仕事を取りたいので親切です）。

YouTuberに紹介を依頼する際は、商品サンプルを報酬として提供することと、お互い宣伝し合うことを条件とすることを伝えるようにしてみてください。例えば**「紹介してくれたらクラファンサイトで紹介します。そうすることで登録数や再生回数が伸びる傾向にあります」**といったことでOKです。

動画の内容については、YouTuberによって方針は変わってきます。とはいえ、商品の利用シーンや使い方など、動画で見せたいポイントを伝えておくとYouTuberが紹介しやすくなります。もし、LP作成の時点で動画を作っていない場合は、おかわりクラファンで使う動画を意識して伝えてもいいでしょう。

依頼する時期は、だいたい紹介してほしい時期の1ヶ月前くらいにして、事前に日程を確認するようにしてください。

△ おかわりクラファンや一般販売の営業時も利用できる

　YouTuberの紹介動画については、プロジェクト終了後も資産として残るので、おかわりクラファンや一般販売時でも役立てることができます。CAMPFIREやmachi-yaでYouTuberの紹介動画を掲載しても構いませんし、卸先への営業ツールとして、YouTuberの紹介動画を見せてPRするのもいいでしょう。クラファン終了後の戦略によってはインフルエンサー活用を検討するといいでしょう（もちろん、動画の使途についてはYouTuberとしっかり話し合いましょう）。

Chapter**7**

クラファン終了後の
重要ポイントと
ブランド構築のための
新しいプロジェクトの準備

プロジェクトが終了したら、滞りなくリターン配送ができるようにメーカーと最後の調整を進めてください。同時に支援を最大化するために、別のクラファンサイトで同じプロジェクトを立ち上げるおかわりクラファンも実施するといいでしょう。また、メーカーと関係を維持して2回目以降もプロジェクトを立ち上げてファンを増やす方法もお伝えします。

おかわりクラファンで
さらに支援を集めよう

　おかわりクラファンとは、同じ商品のプロジェクトを別のクラファンサイトで再度行うことを言います。1回で終わるよりも、おかわりクラファンを実施したほうが支援者に取りこぼしなく商品を届けられるので、トータルの支援を最大限に伸ばすことができます。

　おかわりは1回目に比べると支援が伸びず、10～30％の支援に留まることが多いですが、LPなどが使い回せるので、労力なく開始できます。特に在庫を売り切りたいときや、初回クラファンのプロジェクトが成功した場合は積極的に検討してください。

■ おかわりクラファンならCAMPFIREか
machi-ya

　本書ではお伝えしたクラファンサイトのうち、おかわりクラファンはCAMPFIRE、machi-yaのいずれかです。下表のように、現状はMakuakeやGREEN FUNDINGではおかわりクラファンを行うことはできません。

おかわりクラファンの条件（2022年6月現在）

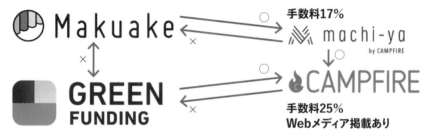

CAMPFIREとmachi-yaの大きな違いは手数料です。CAMPFIREは17％、machi-yaは25％と、かなり大きな違いがあります。しかし、machi-yaの手数料が高いのは、大手のWebメディアに掲載されるためです。具体的には「ギズモード・ジャパン」「ライフハッカー」「ROOMIE」「BUSINESS INSIDER JAPAN」「MYLOHAS」に掲載されます。掲載された場合は広告を出稿しなくても支援が大きく伸びる可能性があります。CAMPFIREもmachi-yaも同じ広告プラン (P332)ですが、手数料の安いCAMPFIREのほうが広告予算の余裕を生み出せます。**そのため、広告に力を入れるようであればCAMPFIRE、Webメディアで売りたいならmachi-yaというのが選択の基準となります。**

また、machi-yaの後でCAMPFIREの順は可能で、3回目となる「再」おかわりクラファンもできます。そのため、順番としては「1回目：Makuake（またはGREEN FUNDING）➡2回目：machi-ya➡3回目：Campfire」の順で実施するなど、**2回以上のおかわりも順番によっては可能になり、少しの手間でさらに売り上げを押し上げることができます。**

【参考情報】

P263のフロスハンドルのFLOSSTIですが、Makuakeのプロジェクト終了後、machi-yaでおかわりクラファンを実施しました。machi-yaでおかわりをしようと思ったのは、Webメディアに紹介されることで、今までリーチできなかった支援者層に認知を広げようと思ったためです。本商品は広告出稿していませんが、ギズモード・ジャパンやライフハッカーで掲載され、大きく支援を伸ばすことができました。また、終盤はmachi-yaでトップページ掲載されたことで、感覚値ですが30万円程度支援が伸びています。最終的にはMakuakeの支援の35％にあたる500万円近い支援を得ることができました。

mahci-yaに掲載したフロスハンドル FLOSSTTI

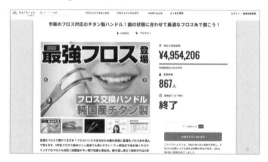

ギズモード・ジャパンやライフハッカーに掲載された記事

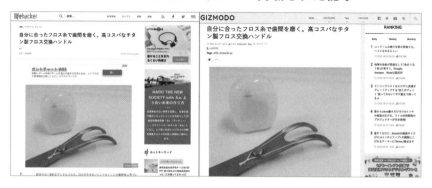

終盤はmachi-yaのトップページに掲載

■【おかわりの時期】初回プロジェクト終了後 ～一般販売開始までに行うこと～

おかわりクラファンは、初回のプロジェクトが終了すれば開始できますが、両方のプロジェクトのリターン配送が完了しないと一般販売を開始できません。**そのため、一般販売をする商品の場合は、おかわりクラファンを速やかに行わないと一般販売の開始が遅れてしまいます。**特に一般販売をする場合は、おかわりクラファンは初回プロジェクトの期間中に準備を進めるようにしましょう。とはいっても、LPを新たに作る必要がないので、早く準備を進めることが可能です。

■ 初回プロジェクトの支援者が不利益に ならないように注意する

おかわりクラファンをする場合は、MakuakeやGREEN FUNDINGの支援者が不利益となる価格では出品できないので注意してください。具体的には、先行プロジェクトの売れ残ったリターン価格を下回らないようにします。例えばMakuakeで30％OFFのリターンが売れ残っていれば、CAMPFIREの同じリターンでは30％以下の割引率にしないといけません。

また、おかわりクラファンをする際は、一般販売価格を初回プロジェクトより下げることはできません。初回プロジェクトの支援者が不利益となるような価格設定としている場合は、そもそも出品の審査が通らないので注意しましょう。

■ 追加素材があればLPに反映する

おかわりクラファンでは、基本的には初回プロジェクトと同じLPを利用しますが、他に追加素材があればLPに反映するようにしてください。例えば、初回プロジェクトでYouTuberに商品を紹介してもらえたのであれば、その動画をLPに反映してもいいでしょう(YouTuberの商品紹介についてはP336参照)。

フロスハンドルFLOSTTIのmachi-yaのLPに掲載した
YouTuber紹介動画

02

プロジェクト終了　～リターン配送時の
重要ポイントと注意点～

■ プロジェクト終了後は活動報告などで
　進捗報告をする

　プロジェクトが終了したら、メーカーに商品を発注して、滞りなく支援者にリターンを届けます。商品や在庫状況にもよりますが、プロジェクト終了からリターン配送まで約1～3ヶ月程度かかります。**この間、何も音沙汰なしでは支援者が不安に思いますので、活動報告で生産状況などを報告するようにしましょう。**本来、活動報告はPRよりは支援者にプロジェクトの進捗を報告するための機能です。活動報告で投稿すると、支援者にメールで通知が届きます。活動報告では具体的には次のようなことを報告します。

●プロジェクト終了とお礼
●配送時期まで住所変更した場合について
●配送遅延に関するお詫び（遅延が発生した場合）
●倉庫に到着しました
●発送完了
●一般販売開始

　詳細なメッセージの内容については、自分がベンチマークした商品や同カテゴリーのプロジェクトの活動報告を参考に掲載してください。支援者に対する感謝の気持ちを示しながら、安心してもらうために進捗状況を報告しましょう。

■ リターン配送が無事終了するためのポイント

プロジェクト終了後でもっとも重要なことは供給責任を全うすることです。**メーカーに発注数量を伝えて、特に新たに生産が必要な場合は納期や仕入れ代金の支払いについて再確認してください。** 発注数量については、万が一のときのために少し余裕を持った数で発注しておくのがおすすめです。その際、今後も良好な関係を築くためにも、メーカーにプロジェクトが無事終了したことに対してお礼を言うようにしましょう。

国産品は海外輸送がないため発送遅延が起こりにくく、不良の発生や商品表面、パッケージの傷や汚れなども発生しにくい傾向にあります。そのため、炎上やクレームが起こるリスクは低い傾向にあります。とはいえ、まったく不良品がないとは言い切れないので、不良が発生した場合は、どう対応するかメーカーと協議しておきましょう (無償交換など)。

万が一、支援者に不利益が発生する事態があった場合は、速やかに担当キュレーターに連絡して対応してください。また、発送遅延などは、わかり次第速やかに活動報告で報告しましょう。そして、改めて生産スケジュールについて周知するようにしてください。誠実な対応をしていれば、炎上やクレームに発展することはないのでご安心ください。

■ パッケージがなければ用意する

輸入品の場合は、商品を仕入れる際はだいたいパッケージ付きですが、国産品の場合はパッケージを別途用意しないといけないことがあります。コストの許す範囲で、商品の世界観に合う梱包をしてください。

その場合は、別途適正サイズのダンボールや化粧箱などを用意して、ラベル貼りする必要があります。インターネットで検索してダンボールや化粧箱を支援者分購入するといいでしょう。ダンボールを大量に購入するなら「ダンボールワン」をおすすめします。また、イオンモールやスーパー、薬局に行って無料でダンボールをもらうのもいいでしょう。ロゴなどのラベル印刷については、プリントパックやラクスルなどがあります。

ダンボールワン（https://www.notosiki.co.jp/）

プリントパック（https://www.printpac.co.jp/）

ラクスル（https://raksul.com/）

■ リターン配送に対応した業者に依頼する

　リターンの配送業者については、クラファン商品に対応した配送業者がいくつかあります。**そのため、「クラウドファンディング　配送業者」「クラウドファンディング　発送代行」などでGoogle検索して配送業者に依頼するといいでしょう。**配送料金については、かなり頻繁に変更されますので、自分のエリアに近い業者をその都度確認して見積もりを取るのがおすすめです。

■ お礼状を同梱して商品を発送しよう

　支援をしてくれた方に感謝の気持ちを込めて、お礼状を出すのもいいでしょう。**こちらも「クラウドファンディング　お礼状」などで検索すれば例文はたくさん出てきます。**物販系のクラファンのお礼状の例文もたくさんあるので参考にしてください。支援が少ないようであれば、自分でお礼状を商品と同梱してもいいですが、支援が多ければ配送業者に依頼するようにしましょう。

メーカーとは取引を維持して新商品の プロジェクトも狙おう

　取引メーカーにはプロジェクトが無事終了できたことを感謝し、できれば次の新商品の開発についても検討するようにしましょう。メーカーとの関係が1回で終わるよりは信頼関係を維持し、2回、3回とプロジェクトを繰り返したほうがメリットは大きいためです。

　Chapter1 P031～でお伝えしたように、クラファンサイトの会員数は増え続けており、しかもリピーターもたくさんいます。これは何を意味するかというと、プロジェクトを立ち上げる都度、新規の支援者があなたの商品を求めていることに加え、リピーターも力になってくれるということです。

　特に1回目のプロジェクトで大きな支援を得られた場合は強い実績となり、次世代モデルのプロジェクトを立ち上げたときに有利に働きます。「総支援額3,000万円の大ヒット商品にさらに改良を加えて……」と言われれば、興味を持ちますよね。

　このように、継続的に商品を開発することで、ファンが積み重なり、ブランド化されていきます。1つのブランドとして認識されることで広告費を削減しても売れるようになりますし、競合商品との差別化も進みます。ここまでいくと、国内だけでなく海外に国産品を展開したり、ブランド売却(M＆A)して大きなキャッシュを得たり大きなビジネス展開も期待できます。

　メーカーと2回目以降も継続的に取引する場合、新商品のアプローチは次の点で考えるようにするといいでしょう。支援者からは「待っていました！」となり、連続して購入してもらうことができるでしょう。

■ 次世代モデル（機能強化版）

「クラファンで売れる商品＝過去クラファンで売れた商品」ですから、支援を大きく得たプロジェクトのシリーズ商品であれば売れる可能性は大きくなります。**そのため、2回目以降のプロジェクトで最初に検討したいのが次世代モデルです。**

機能強化したものを次世代モデルとして販売することが多いですが、支援者のニーズに合ったものでなければ大きな支援は見込めません。支援者から「○○な商品もほしい」「こんな機能を付けてほしい」という要望をもとに新商品を考えるようにしましょう。

1回目のプロジェクトが終わってすぐに次世代モデルを発表すると、1回目の支援者から不満を持たれることが考えられます。新型のiPhoneを買った1ヶ月後に次世代モデルが発売されたら嫌ですよね？そのため、機能強化版については半年から1年くらいの間隔を空けることが多いのです。

■ 1回目の商品を活かせる関連商品・補完商品

ブランド構築という点でもうひとつ検討したいのが、ヒット商品を活かせる関連商品、もしくは商品の機能を補完できる商品です。例えば、1回目のプロジェクトがテントであれば、2回目以降はアウトドア用の調理器具といったものです。これで「アウトドア」というくくりで、ブランディングしていくことができます。1回目のプロジェクトが浄水器であれば、2回目以降は浄水器の水を利用できるコーヒーメーカーというのもいいでしょう。機能強化した次世代モデルだけでなく、このような関連商品のプロジェクトも考えると発想も膨らみます。

Amazonストアは、例えばテントなら類似のテントだけ並べるなど専門店化しないと消費者に嫌がられる傾向にあります。Amazonの消費者はショッピングを楽しむよりは、商品を探しているだけのことが多いためです。雑多ななんでも屋セラーはAmazonでは嫌われるので、Amazonでたとえその商品が売れるとわかっていても別ジャンル品は扱いにくくなりますが、

クラファンは未知のチャレンジを応援するプラットフォームであり、ユーザーが新しい発見やショッピングを楽しむために設計されているため、いろいろなジャンルの商品を展開する実行者も全くと言っていいほど違和感がありません。長期的には、違うターゲット同士をミックスさせてファンを増やしていくことも可能です。

　次世代モデルではなく、このような関連商品であれば、「鉄は熱いうちに打て」と間髪空けずにプロジェクトを開始したほうがいいです。熱が冷めないうちに始めると、新規の支援者だけでなくリピーターも欲しがります。1回目のプロジェクトの商品を長く使ってもらいながら、それを活かせる商品も販売することでますます喜んでもらえるでしょう。

　なお、5,000〜10,000円程度の低単価商品のプロジェクトで支援数が集まった方は、2回目以降は関連する高単価商品のプロジェクトを立ち上げるのもいいでしょう。低単価の商品でファンになった方が、高単価の商品を買ってくれることが十分考えられます。

■ 2個以上欲しいと思える商品

　新しいプロジェクトを立ち上げる際は、2個以上欲しいと思えるかどうかも考えましょう。例えば1回目のプロジェクトで包丁を販売したのであれば、2回目で違う用途の包丁のプロジェクトを立ち上げるなどです。下の時計も、1回目のプロジェクトで時計を販売し、2回目ではクールで爽やかなデザインの時計を夏季に合わせて販売しています。

　また、食品関係や消耗品も、プロジェクトごとに買い続ける傾向があります。例えば辛口のカレーのプロジェクトを立ち上げたら、次は激辛のカレーのプロジェクトを立ち上げるなどです。P032〜でお伝えした通り、クラファンはリピート購入者の割合が70％以上です。次のプロジェクトを楽しみにして、リピート購入する人もかなり多いです。

国産品の時計のシリーズ商品例

宇宙が創りだした隕石模様と50年の国産技術が醸す「メテオライト×日本製
腕時計」

半年後、夏季に合わせて
シリーズ商品を出品

【220個限定】大人の腕元にふさわしいアイスブルーのラグジュアリーウォ
ッチ

Chapter 8

【クラファン終了】
クラファンをきっかけに
大きくビジネス展開
するための戦略全貌

おかわりを含めてクラファンのリターンを完了したら、次はいよいよ一般販売です。一般販売は在庫を売り切るために行うこともありますが、一般市場で商品を広めて大きくビジネス展開するチャンスでもあります。最終章は一般販売の主な手段をお伝えし、今後の大きな展望についても触れていきます。クラファンはあくまでビジネス展開のきっかけで、一般販売から新しいスタートと考えましょう。

一般販売の主な販路と各々の メリット・デメリット

■ 一般販売は主にBtoB卸取引と BtoCネット販売に分けられる

　一般販売とは、クラファンの先行予約販売に続き、小売販売市場で商品を一般販売価格で販売することを言います。以下の表の流通フェーズで言うところの1次流通市場にあたります。クラファンでお披露目した商品が、いよいよ本格的にデビューするわけです。

商品の流通フェーズ（Makuake決算資料をもとに作成）

0次流通市場	新商品デビュー市場	クラファンや展示会、見本市など新商品・新サービスのテスト販売と最初の顧客獲得を目的とする売買市場
1次流通市場	小売販売市場	スーパー、家電量販店、コンビニ、百貨店、各種ECサイト、による商品の売買市場
2次流通市場	中古販売市場	1度消費者の手に渡った商品がリユースの目的で再度マーケットにて売買される市場

　一般販売については、おかわりクラファンを含めてすべてのリターンが完了しないと始めることができません。**一般販売の主な販路としては、大きく分けるとBtoBの卸取引（実店舗販売）と、BtoCのネット販売、自社ECサイトを立ち上げるDtoC販売があります。**

　BtoBの卸取引については、小売店や卸業者に商品を卸すことになります。今まで商品を仕入れる側だったのが、卸す側の立場で卸先との交渉が必要になります。多くの小売店や卸業者はクラファン市場に注目しており、クラファン期間中に数千万円規模の引き合いになることもあります。このようなことが展示会以外で起こり得るのがクラファンの魅力です。

BtoCのネット販売は、大きく分けてAmazonや楽天などの大手のモールで自社商品ページを作る方法です。OEM商品を販売していた方はお馴染みの方法でしょう。DtoC販売はBASEやShopifyなどで自社ネットショップを作成する方法です。

■ PR目的でクラファンを活用して一般販売を主とする戦略もある

　そもそも、クラファンで大きく売上を上げることは考えず、PRを目的として一般販売を本命として大きく売る戦略もあります。**クラファンと一般販売では属性が違うので、クラファンで支援が伸びなくても一般販売で成功することは十分考えられます。**

　例えば、以下のマスクケースは最終的な支援金額が50万円程度でした。しかし、もともとこの商品はPRを主目的としてプロジェクトを立ち上げ、一般販売に力を入れる戦略でした。プロジェクト終了後、卸など得意な販路で展開したことで一般販売では4,800万円の売上を上げました。大手の航空会社などがこの商品を導入したことも大きいですが、属性からクラファンより一般販売のほうが相性のいい商品だったのです。**画期的な魅力的な新商品が好まれるクラファンと、画期的な新商品には慎重な一般販売では相性が違います。**このように、商品によって戦略を変えるようにしてください。

一般販売で4,800万円を売り上げた携帯マスクケース

■ 販路の選び方とメリット・デメリット

　一般販売の販路の選び方については、基本的には自分が得意とする販路があれば、それを選ぶのが一番です。例えばすでに取引している小売店や卸業者があれば、継続して取引する、Amazonや楽天、または自社ECサイトがあればそれを引き続き使う……。このように自分が得意とする販路を優先的にするといいでしょう。ただ、類似商品が販売されているかなど、各プラットフォームとの相性は十分検討してください。在庫を売り切って終わるのではなく、継続的に生産する場合は、複数の販路を検討してもいいでしょう。

　一般販売の販路の特徴や、主なメリット・デメリットについては次表に示しますが、詳しい方法は次頁以降に解説します。

各販路のメリット・デメリット

	BtoB卸取引	BtoCネット販売 （Amazon、楽天など）	DtoC 自社ECサイト販売
利益率	×	△	○
資金繰り	×	△	△
販売量	○	△	△
販売の手間	○	○	×
顧客対応	○（不要）	△（販路による）	×（必要）
集客力	○	○	×
価格競争	○	△（特にAmazon注意）	○
相性	△	△	○
顧客分析	×	×	○
自由度	×	△	○
ブランド化	△	△	○

【卸取引】あなたの商品が実店舗に並ぶ日がやってくる!

　まずはBtoBの卸取引についてお伝えします。卸取引は、小売店や卸業者に販売利益を支払うため、利益率は低くなります。DtoCなど直接販売で広告なしで売れば50%程度の利益が出ますが、卸売りの場合は中間マージンが発生するので、利益率が20%程度になることが多いです。しかし、小売店の規模によっては大きな取引になる可能性があり、しかも販売を一任できるので、手間なく大きな利益額が得られます。

卸取引の流通の流れ

【自社で直接販売する場合（DtoC販売：自社ECサイトなど）】

メーカー	⟶	自社	⟶	消費者

中間マージンが発生しないが、自分で販売しないといけない

【自社で直接販売する場合（DtoC販売：自社ECサイトなど）】

メーカー	⟶	自社	⟶	小売店	⟶	消費者

中間マージンが発生するが、販売を任せられる

■ 卸の引き合いがあったときは取引条件に注意する

　メーカーに在庫がなく、よほど生産が難しければ話は別ですが、基本的に卸取引は積極的に検討しましょう。冒頭でお伝えした通り、クラファンで注目され、小売店や卸業者から連絡が来ることがあります。これはとても嬉しいことですが、**掛け率以外の取引条件がないかどうか、よく確認してください**。例えば広告費などの名目で別途費用がかかる可能性があるためです。この場合、赤字になるリスクがあるので、もし、余分な費用がか

かって利益が出ないようであれば、取引を見送ることも必要です。

■ 自分でも卸先に営業しよう

　卸取引のきっかけは、先ほどお伝えしたように、小売店や卸業者から声がかかる場合と、こちらから営業する場合があります。クラファンで大きな支援が得られていなくても、実店舗と相性の良い商品であれば十分取引につながる可能性があります。同じカテゴリーの商品を扱う専門店であれば、興味を持ってくれる可能性は高いです。**そのため、クラファンLPや自社ホームページ(P138～)などを活用して卸取引の交渉をしてみましょう。**卸業者などは、例えばキャンプ用品であれば「卸売り キャンプ用品」などで検索するとすぐに見つかります。

■ 展示会に出展しよう

　BtoB卸取引を大きく広げること狙うのであれば、展示会の出展も検討してください。展示会にはたくさんのバイヤーが、出展した商品を見に来ます。そして、その場で質問したり、取引条件を聞いたりします。

　展示会というと国際展示会の印象が強いかもしれませんが、国産品でも十分展示会に出展する機会があります。**卸先への営業同様に、ご自身のカテゴリーに特化した展示会に出展するといいでしょう。**自分の商品に合うバイヤーがたくさん来場します。

　しかし、大きなチャンスではありますが、展示会の出展にはブースによって大きな費用がかかることがあります。そのため、展示会関係の補助金・助成金を利用してみるのもいいでしょう。

■ 利益が出ることを確認して見積書を作成

　小売店や卸業者から声がかかったり、営業して反応があったりした場合は、見積書を出すようにしましょう。私達がメーカー直取引の交渉する際

は、早い段階で見積もりをもらい、利益が出るか精査します。当然、卸先も同じことを考えます。見積書は、以下のことを記載すればいいでしょう。

【見積書の記載事項】
●希望小売価格
●商品仕様やクラファンの実績（商品本体、パッケージの写真を付けても可）
●保証期間
●ロット数と掛け率
●送料

　掛け率については、だいたい50～60％くらいで考え、ロット数が少ないほど単価が大きくなるようにします。その際、十分利益率が出るように確認してください。販売は卸先に全部任せることを考えても、利益率は20％程度が目安です。

■ 卸先に確認する内容

　卸先には次のことを確認し、後々問題にならないようにしましょう。場合によって契約書を交わすこともあります。特にクラファン実施後半年間は一般販売予定価格を下げることができないので、価格面については十分確認するようにしてください。

●支払い方法
●支払い日
●定価や掛け率
●広告費など別途かかる費用はないか？
●最低ロット数
●送料負担はどちらが持つか？

03

【ネット販売】得意な販路を見つけて継続的な利益を得よう

　積極的に一般販売したい場合は、ネット販売することも考えましょう。1つはAmazon、楽天、Yahoo!ショッピングなどを使ったネット販売や、Makuakeストアでの一般販売です。ネット販売については、すでに使っている得意な販路を使うようにするといいでしょう。

■ ネット販売の主なプラットフォーム

△ Amazon

　ネット販売の代表的なプラットフォームがAmazonです。特にAmazonでメーカー直取引やOEM販売を経験した方は、Amazon販売は検討の余地があります。ただし、画期的な新商品との相性が悪いプラットフォームなので、類似の商品が売れているかどうかを確認するようにしてください。また、類似商品との価格競争にも十分注意しないといけません。**しかし、Amazonは最大のプラットフォームで集客力が大きく、うまくはまれば継続的な収入が得られる可能性はあります。**FBAを利用すれば顧客対応がいらないのも大きなメリットです。

　商品ページの作り方やAmazon内の広告戦略については、『Amazon国内OEM完全ガイド』に詳しい解説があります。商品ページについては、クラファンLPのなかでもっとも訴求したい部分を使えばいいので、比較的作りやすいかと思います。もし、Amazonでヒットして長期間販売する際は相乗り防止対策として商標登録も検討しましょう。

　また、Amazonは、同じカテゴリーの商品を並べて売って専門店化した方が消費者に好まれる傾向にあります。相性には注意する必要はありますが、第2弾、第3弾と類似のシリーズ商品を販売するようなときは

Amazon販売を検討してください。

△ 楽天

楽天は、クラファン支援者と同様にショッピングを楽しむ消費者層が比較的多く、Amazonより新商品との相性が良いことが多いです。また、セール期間などイベント開催中に集中的に売ることができたり、クラファンLPのようなLP風の商品ページを作成して訴求しやすかったりする点もメリットです。

ただ、月額利用料が高額です（月19,500〜100,000円）。そのため、一般販売の売上が軌道に乗ってきてから利用するのがおすすめです。

△ Yahoo!ショッピング

開業2年目以降の個人事業主や法人の方は、Yahoo!ショッピングの利用も検討しましょう。**出品審査は厳しいですが月額利用料がかからないので検討の余地があります。**

■ 多販路展開できるツールを利用する

Amazon、楽天、Yahoo!ショッピングはもちろん、さまざまな販路で多販路展開したいと考える方もいると思います。そのため、Amazon以外に出品している商品をFBA倉庫から発送できるAmazonのFBAマルチサービスを利用するのもいいでしょう（詳細は『Amazon国内メーカー直取引完全ガイド』参照）。

しかし、多販路展開する場合は、各々のプラットフォームで利用料が嵩んでしまい、出品審査や管理の手間も増えます。**その際は、AmazonのFBAマルチチャネルサービスを利用した「セールモンスター」を活用するという手もあります。**出品手数料を抑えられ、顧客対応も代行してもらえます（Amazonはカスタマーサポートがあるが、楽天などは自社で顧客対応が必要）。

10商品まで無料で利用でき、以下の販路で多販路展開ができます。た

だし、商品点数は1商品＝1バリエーションとなる点と、FBAマルチチャネル手数料がかかる点は注意してください。

●楽天
●Yahoo!ショッピング
●au PAYマーケット
●ポンパレ
●Qoo10
●ヤマダモール
●ヤフオク
●Shopify

　また、セールモンスターを利用すると、各々の商品ページがセールモンスター所有のものとなります。そのため、自社で商品ページを作れず、ブランディングしづらいところがあります。得意な販路が少ないが販売量を最大化したい場合に利用するといいでしょう。

セールモンスター（https://salemonster.jp/）

■ Makuakeストア（すぐできる初心者向け）

　最後に忘れてはならないのが、**クラファンサイトがクラファン終了後に販売をしてくれる、「ストア」出品サービス**についてです。

　例えば、Makuakeでプロジェクトを立ち上げた方限定にはなりますが、リターン完了後にMakuakeストアという機能で一般販売ができます。以下のようにLP上部に「ストア」というタブが新たに表示され、さらに「商品化したリターンを見る」というボタンが表示され、商品を販売できるようになります。

Makuakeストア

　以前、Makuakeストアは「ないよりは、あったほうがいい」程度で、ほとんど売上には繋がらなかったのですが、最近はニュースレターで紹介されることもあり、Makuakeストアからも商品が売れつつあります。20%の販売手数料は、上記のプラットフォームよりは高額ですが、在庫を売り切りたいようなときは検討の余地があります。

　なお、GREEN FUNDINGやCAMPFIRE(machi-ya含む)については、プロジェクト終了後、一般販売が可能になると販売先のリンクに飛ばす機能があります。終了プロジェクトから一般販売先の導線を作ることができるので、活用してみてください。

【自社ECサイトの販売】DtoC販売でブランド価値を高めていこう

　DtoC販売は「Direct to Consumer」の略で、卸取引やAmazonや楽天を利用したBtoC販売と違って、販売者が直接消費者に販売することを言います。簡単に言うと、自分でECサイトを作成して直接消費者に商品を販売することです。自社ECサイトでの販売は、Amazonや楽天のようなプラットフォームならではの集客力を利用できません。そのため、自分でGoogle広告、SNS広告などで認知を広げていくことになりますが、新商品のブランド構築をするなら検討の余地があります。

　プラットフォームを販路にすると、相性の悪い商品は売れませんし、規制に従わないといけません。**しかし、自社ECサイトでの販売となると、プラットフォームとの相性は関係なく販売できますし、一般販売の消費者のデータを蓄積することもできます。**後述するBASEやShopifyでも決済手数料などは発生しますが、Amazonや楽天の手数料ほどのコストはかからず、利益率が高くなります。そのため、主力とする商品については自社で直接販売できるようにすることが理想です。

■初心者はBASE、中上級者はShopify

　自社ECサイトの作成についてはWordPressで作成することもできます。ただ、慣れていない方は初期費用無料で簡単に決済システムを組み、見映えのあるサイトを立ち上げられるECサイト作成ツールをおすすめします。

　自社ECサイト作成ツールはたくさんあるのですが、一般販売初心者で手軽に開設するならBASE、本格的に運用するならShopifyがいいでしょう。また、国産品の海外販売(越境EC)を考えるならBASEではなくてShopify一択です。ご自身のレベルや方向性に応じて使い分けてください。

	BASE	**Shopify**
適性	作成機能がシンプルで月額利用料が安いので初心者向き	作成機能が充実して決済手数料が安いので中上級者向き
カード決済	○	○
スマホキャリア決済	○	○
コンビニ・銀行振込	○	○
代金引換	×	○
後払い	○	○
ID決済	△ PayPal Amazon Pay(個人事業主可・機能制限あり) Pay ID	○(決済方法が豊富) PayPal Amazon Pay(法人のみ) 楽天ペイ PayPay Apple Pay Google Pay
サイト作成機能	作成は簡単だが 自由度が低い	自由度が高いが難易度はやや高め。有料アプリも多い
ロゴ非表示	△(有料:月額500円)	○(無料)
海外販売	×	○
ショップ検索機能	○(Pay ID 経由の購入)	×

■ 広告は基本的にSNS広告、Google広告

　Amazon なら Amazon内でしか広告が出せませんが、自社ECサイトであれば、幅広く広告戦略を考えることができます。**自社ECサイトの広告戦略は、主にクラファン期間中の広告(P332〜)と同様にSNS広告、Google広告になります。**具体的な運用方法については、クラファンで依頼した広告代理店などに相談するようにしてください。

05

【今後の展望】ゼロから100を創造して大きな夢をつかむ

　以上、クラファン後のビジネス展開として一般販売についてお伝えしました。ひとつの商品を卸取引、Amazon、楽天、自社ECサイトで垂直展開して販売するには、クラファンは大きなきっかけとなります。つまり、クラファンをきっかけにして、さまざまな販路で新商品を広め、ブランド力を上げてビジネス展開することができるのです。

　技術力の優れた日本の素晴らしい商品を広げていくのは国内だけに留まりません。**今後の展望として、ぜひ考えていきたいのが海外展開です。**Kickstarter や Indiegogo など世界のクラファン市場に挑戦するのもいいですし、Amazon.com や eBay、Shopify などを活用した国産品の輸出業もいいでしょう。

　本書の目的は、画期的なアイディアと国内の高い技術力を掛け合わせて魅力的な新商品を広めていくことです。国内メーカーの技術力は世界的にも群を抜いており、それだけでも十分世界各国の商品との差別化になります。しかも今は円安が進んでいるので輸出には追い風になりつつあります。GDPで考えても国内市場は限界が見えるかもしれませんが、世界に目を向けることで可能性が広がります。

　すでに韓国の物販はグローバルに展開するのが主流になっていますし、日本でもすでにその兆候は見えています。例えば、Makuake は 2021 年より海外から応援購入を受け付ける Makuake Global の提供を開始しています。Makuake Global は、一度 Makuake で出品してもプロジェクトを起案できるので、今後活用する予定です。

Makuake Global （https://www.makuake-world.com/default/home/）

　国としても国産ブランドの海外展開を支援する動きがあります。例えば Indiegogo が支援パートナーとなり広告プランを提示してくれる「JAPAN ブランド育成支援等事業」(中小企業庁) などの補助金も出てきました。今後、補助金・助成金については名称やルールが頻繁に変わると考えられます。しかし、今後も国内の新商品で海外展開を見据えた新商品開発、ブランディング、新規販路開拓を支援する動きは広まると予想されます。

　また、クラファン後の展開は一般販売に留まりません。**ブランドを育てて事業譲渡(M＆A)するという方法もあります。**M＆Aというと、株式会社や医療法人などの大きなM＆Aをイメージする人が多いかと思いますが、今はもっと身近になっています。例えば今はアフィリエイトサイトやECサイトのM＆Aは頻繁に行われています。例えば「ラッコM＆A」というサイトを見てみるといいでしょう。また、YouTubeやインスタ、Amazonの販売アカウントも譲渡できます。

ラッコM&A（https://rakkoma.com/）

　そして、**本書でお伝えしたクラファン事業もM＆Aが可能です。** もちろん、売却するにはブランドを育てる必要がありますが、大きなキャッシュを得ることができます。クラファン→M＆Aを繰り返して連続起業家のようになることも可能なので、かなり夢にあふれた話と言えます。実際に国内からIndiegogoなどの海外クラファンに展開して、ブランド売却するという展開もあります。補助金を活用しながら「国内で展開→海外でも展開→M＆A」という出口戦略も可能です。

　とある、クラファン事業で有名な方から聞いたこの一言が印象に残っています。

「クラウドファンディングはこれからの人をゼロから100にしてしまう装置である」

　クラファンはリスクを取らずに少ない初期資金ででき、一般販売や海外展開、M＆Aなど大きな可能性を秘めています。副業でクラファンを開始した人や、起業したばかりの人が、急成長して大きな事業を展開することも可能です。クラファンを単発で終わらせるのではなく、中長期的な目線で大きな夢をつかみましょう。

おわりに

～魅力的な国産品を国内外へ展開するグローバルなビジネスオーナーへ～

　本書を最後までご覧になれば、国内メーカーの商品でも十分クラウドファンディングで大きな利益が得られることが理解できたかと思います。物販経験者であれば、次のステージに進むために、リスクのないクラウドファンディングが最高の方法であることが理解できたでしょう。

　メーカー直取引もクラウドファンディングも、「自分で稼ぐ力」「長期的に利益を安定させていく力」を手にする点では共通しています。決して一発ドカンで終わる方法ではない点はお分かりいただけたかと思います。たしかにクラウドファンディングは、メーカーとの交渉力や販売力が求められるビジネスですが、一流の物販ビジネスオーナーに進むには欠かせないスキルです。クラウドファディングのスキルをマスターすることで、次のビジネス展開が期待できます。

- ●国内メーカーと取引を続けていくつも新商品を生み出す
- ●BtoB卸取引をはじめ、一般販売で国内市場に本格的に展開する
- ●国内市場だけでなく、海外にも展開する
- ●ブランド売却して大きなキャッシュを得る

　このような夢を実現できるのは、今のところクラウドファンディング以外に方法はありません。これだけ魅力的な手法なのに、「一発ドカン」で終わらせてしまうのは少しもったいない気がします。

　クラウドファンディングのサポートを通じて、メーカーはあなたを小売業者としてだけでなく、ビジネスパートナーとして信頼します。クラウドファ

ンディングを始めた人は、物販や副業に興味を持った人だけではありません。

　実家の家業を継ぐことになり、今後も存続させるためにクラウドファンディングを始めた人もいます。実際にコロナ禍の苦境で、なかなか新商品を展開できない地元のメーカーはたくさんあります。しかし、クラウドファンディングのスキルを手にすることで、地元の人や身近な人を助けることも可能なのです。

　今回、なぜ本書を出版することにしたかというと、このスキルをマスターすることで、日本中の中小企業を救うことができると確信しているためです。新商品開発をサポートし、国内外に展開することができれば、どれだけ多くの中小企業が勢いを取り戻すことができるか。収益が安定するのはもちろん、志を持って胸を張ってできるのがクラウドファンディングの特徴です。

　本書を最後までお読み頂いて、本当にありがとうございます。

　この本を出版するきっかけを与えてくださったインプルーブの小山さん、この本の出版を決定して頂いたスタンダーズの佐藤社長、この本の隅々まで編集の助言をくださったスタンダーズの河田さん、そしてこれまで関わってきてくれたすべての方に感謝いたします。

　クラウドファンディングを実践して、さらなる成果に繋げていただくために、この本を買ってくださった方限定で、次のプレゼントを用意しました。

＊本書ご購入者様限定の特典内容＊

【国内メーカークラファン完全攻略セミナー動画】
　書籍の内容では具体的にお伝えできなかった、国内メーカー取引×クラウドファンディングの全貌が理解できる!!

目次:

下記のQRコードから、無料で入手することができます。

秘蔵性の高い内容のため公開期限を設けております、お早めにご覧ください。

https://nakamura0301.com/fx/25NTkL

それでは、最後の最後まで本書を読んでいただき、誠にありがとうございました。

一人でも多くの方がクラウドファンディングをきっかけに日本企業を救う一流物販ビジネスオーナーに飛躍することを心から願っています。

2023年5月

中村 裕紀 田村りょう

中村裕紀
Hironori Nakamura

Amazon物販コンサルタント、EC STARs Lab代表。
1984年生まれ。2023年現在38歳、二児の父。介護・福祉関連の施設に勤める傍ら、2011年頃からAmazon物販ビジネスを副業にて開始。2013年に独立し、2014年に転売で月利100万円を達成するも直後にアカウントが閉鎖。その後はメーカー取引一本で売上を立て、2015年に月利200万円を達成する。現在は国内外のメーカーと取引を重ね、EC販売を通じて沢山の方々により良い商品をお届けしている。同時にAmazon物販＆メーカー直取引のコンサルタント業務を行い、月利30〜500万円以上を継続して稼ぐプレイヤーを多く輩出している。著書に『Amazon国内メーカー直取引完全ガイド＜増補改訂版＞』『Amazon海外メーカー直取引完全ガイド』『Amazon国内OEM完全ガイド』（standards）がある。

田村りょう
Ryo Tamura

日本最大CFサイト「Campfire」公式パートナー。
元海上自衛隊幹部を経て、2008年に一人起業。10戦9敗を経て最後1勝の通販ビジネスが軌道に乗り、更なる事業拡大を模索、ビジネスとして将来性と拡張性の高いEC物販に参入を決める。中村のメーカー取引コンサルを受講し、Amazon物販（月商700万円）を達成。メーカー取引を独自発展させクラファンに参入し、独占販売（国内／海外併せて累計1億円超）などメーカー代理店業、輸入業などチームで成果を出す。2020年以降の世界情勢の変化による円安や資材高騰、物流不安等の時流を見据えて「海外メーカー輸入」から「国内メーカー販売やクラウドファンディング、輸出」へとビジネスの狙いを定める。日本で数少ない国内メーカークラファンコンサルタントとなり、国内メーカーCFコミュニティーを運営、クライアントの成果やビジネススキルの向上を支える中長期目線の物販戦略コンサルティングを実施している。

カバー・本文デザイン　越智健夫
本文DTP・図版作成　金田光祐（ニホンバレ）

**国内メーカークラウドファンディング
→個人物販物販完全ガイド**

2023年7月5日　初版第1刷発行

著者　　　中村裕紀、田村りょう
編集人　　河田周平
発行人　　佐藤孔建
印刷所　　三松堂株式会社
発行　　　スタンダーズ・プレス株式会社
発売　　　スタンダーズ株式会社
　　　　　〒160-0008　東京都新宿区四谷三栄町12-4
　　　　　竹田ビル3F
営業部　　Tel.03-6380-6132
Webサイト　https://www.standards.co.jp/